品国学 悟管理

刘 刚 ◎ 著

中国人民大学出版社

·北京·

目录

导　言　国学底蕴决定管理境界 // 1
　　重视心的管理 // 1
　　"拿来主义"的局限 // 3
　　在差异中融合 // 6
　　修己而后安人 // 11

第1章　反求诸己：管理反思 // 12
　　不亲反仁 // 12
　　自胜者强 // 14
　　厚德载物 // 16
　　容人短长 // 19
　　君子慎独 // 22

第2章　三达德：自我修养 // 24
　　智者不惑 // 25

仁者不忧 // 31
勇者不惧 // 36

第3章　三贵之道：交往艺术 // 40
动容貌 // 41
正颜色 // 46
出辞气 // 51

第4章　阴阳谓道：系统思维 // 57
阴阳相生 // 58
阴阳平衡 // 61
反者道之动 // 64
弱者道之用 // 68
中庸之道 // 74

第5章　博学慎思：修身之道 // 79
力行学文 // 80
学思结合 // 86
与朋友交 // 91
三省吾身 // 96

第6章　选贤任能：人才选拔 // 103
审于才德 // 103
听言观行 // 108

好恶必察 // 110
因任授官 // 113

第 7 章　和而不同：团队建设 // 116
和与同异 // 117
和造大事 // 118
心和见异 // 121
发而中节 // 127

第 8 章　任人者逸：分工授权 // 130
无为而治 // 131
抽身谋大计 // 136
君逸臣劳 // 145
无之以为用 // 150

第 9 章　富贵敬誉：员工激励 // 155
富　之 // 156
贵　之 // 159
敬　之 // 162
誉　之 // 164

第 10 章　诚者天道：社会资本 // 168
天不容伪 // 169
信则人任 // 171

诚以诚应 // 174
虽悔无及 // 179

第 11 章　法者王本：制度建设 // 184
　　人性本恶 // 184
　　奉法则强 // 186
　　法莫如显 // 189
　　法不阿贵 // 190

第 12 章　在位谋政：职位权力 // 193
　　不出其位 // 193
　　必赏必诛 // 200
　　诛大赏小 // 202

第 13 章　为政以德：领导艺术 // 206
　　人性本善 // 206
　　太上立德 // 207
　　世事洞明 // 211
　　人情练达 // 213
　　刚柔相济 // 220

第 14 章　事因于世：创新管理 // 225
　　不法常可 // 226
　　事异备变 // 231

不谋于众 // 234

第 15 章 悬权而动：权变管理 // 241
　　权宜应变 // 242
　　因利制权 // 245
　　外圆内方 // 247

第 16 章 安不忘危：危机管理 // 252
　　安危相易 // 253
　　安不忘危 // 256
　　临事而静 // 268
　　化危为机 // 276

参考文献 // 278

后　记　与圣人同行 // 284

导　言 / Preface

国学底蕴决定管理境界

重视心的管理

汉字作为一种象形文字，博大精深。管理的内涵从其象形文字中可见一斑。所谓"管"，由"官"和"竹"两个字组成，"官"是管理的前提条件，管理者需要获得正式的职位权力；而"竹"则代表激励约束机制，对于那些听话的下属，给予相应的正向激励，否则，就有必要用竹鞭子敲打敲打。所谓"理"，由"里"和"王"两个字组成，古时候，五家为邻，五邻为里，这也就意味着在25家人之上需要有一个"王"来统领。可见，管理的核心是协调人际关系，管理的目的在于通过协调他人的活动，一起为实现组织既定的目标而不懈努力。

尽管随着时代的发展,管理的各项职能在不断细化,出现了人、财、物、供、产、销的分工,并各有侧重,但管理的核心是协调人际关系的本质并没有改变,财的管理只不过是为人的协作提供资金支持,物的管理只不过是为人的协作创造"工欲善其事"(《论语·卫灵公》)的基础,而供、产、销的明晰则无非是为人的协作提供"术业有专攻"(韩愈:《师说》)的分工前提。

而人与人之间的协作,不仅需要手的配合、脑的思考,更需要心的感应。从这个角度而言,管理可以分为手的层次、脑的层次以及心的层次。手的层次是管理最基本的层次,涉及具体的操作技能,而工具无非是对手的延伸和扩展而已;脑的层次是管理的中间层次,涉及人的思维判断能力和决策规划能力,基于各种有效的信息做出相应的判断和决策,电脑无非是对人脑的模拟和延伸而已;而心的层次是管理的最高层次,这就意味着在管理者和被管理者之间,需要心灵的共鸣与情感的沟通。正所谓"鹦鹉能言,不离飞鸟;猩猩能言,不离禽兽。今人而无礼,虽能言,不亦禽兽之心乎"(《礼记·曲礼上》),有情有义是企业管理中的关键问题之一。

但凡成功的管理者都非常重视心的管理。无论是松下幸之助、盛田昭夫,还是山姆·沃尔顿(Sam Walton)、杰克·韦尔奇(Jack Welch),他们之所以能够成为杰出的企业家,在很大程度上取决于他们首先是员工心灵的工程师。松下幸之助曾不遗余力地推行"欲造松下产品，先造松下人"的企业宗旨，造就了松下公司的崛起。盛田昭夫曾经总结道，"如果说日本式经营真有什么秘诀的话，那么，'人'是一切秘诀最根本的出发点"，而这正是索尼公司曾经辉煌一时的原因所在。在沃尔玛创始人山姆·沃尔顿所总结的成功十大法则中，有五条直接与心的管理相关，包括"和同仁分享利润，视同仁为伙伴"，"激励你的同仁光靠物质刺激是不够的，必须每天不断想出新点子，来激励并挑战他们"，"凡事和同仁沟通，他们知道越多就越能理解，也就越关心"，"感谢同仁对公司的贡献"，"聆听公司内每个人的意见，并设法让他们畅所欲言"等。而杰克·韦尔奇则感慨"一生最大的成就莫过于培育人才"，在担任通用电气首席执行官（CEO）的20年时间里，他为公司内部各种培训亲自讲课超过300次。

而心的管理很难脱离历史的经验及群体的人文背景。缺乏深厚的人文素养，不可能成为优秀的管理者，更无法成为声名大振的企业界领袖。

"拿来主义"的局限

不可否认，现代管理理论与方法发端于西方，时至今日，管理教材中基本的架构依然建立在西方现代管理理论与方法的基础之上，而本土企业的管理实践则发生在中国大地上。因此，管理理论与实践相结合的问题也就是管理的国际化与本土化相结合的问题，这只是一个问题的两个不同方面而已。

毫无疑问，为了提高效率，改善业绩，中国企业应该也必须从西方吸收各种先进的管理理论与方法。事实上，改革开放以来，中国经济之所以能够迅速发展，中国企业管理总体水平之所以能够迅速提升，与西方现代管理学在中国的传播与普及密不可分。但仅仅是先进管理理论与方法的引进，很可能出现"橘生淮南则为橘，生于淮北则为枳"（《晏子春秋·内篇杂下》）的现象，并不能有效地解决中国企业管理的全部问题。原因在于，企业管理体系的建设涉及工具、制度、精神三个不同的层面，对技术、方法等工具层面实施"拿来主义"并不难；如果功夫到位，制度层面的问题也可以依靠西化来解决，但由于数千年来中华民族深厚的文化传统的积淀，精神层面的问题很难靠全盘西化来解决。

中华民族数千年的文明孕育了众多独特的管理思想，这些管理思想体现在国家社会治理、战争竞争策略、生产经营管理等诸多领域，无论是在管理理论还是在管理实践方面都积累了许多优秀的经验。这些博大精深的国学思想成为今天企业管理智慧来源的重要宝库（见表0—1）。

表 0—1　　　　　　　　　国学思想的主要内容

来源		代表人物	主要典籍	主要观点
古代治国之道及历史实践	《易经》	姬昌等	《易经》	讲究阴阳相济、刚柔有应，提倡自强不息、厚德载物
	儒家	孔丘、曾参、子思、孟轲、荀况、朱熹、王守仁等	《论语》、《大学》、《中庸》、《孟子》、《荀子》、《四书集注》、《阳明全书》等	主张仁政，以仁为仁政的基本内涵，以礼为仁政的外在表现，强调为政以德，崇尚中庸之道，注重人与人之间的伦理关系
	道家	李耳、庄周等	《老子》、《庄子》等	主张道法自然，崇尚返璞归真，强调无为而治，用系统、辩证的视角看问题
	法家	商鞅、韩非等	《商君书》、《韩非子》等	基于好利恶害的人性论，主张以法治国，强调不法古、不循今，提出法、术、势相结合的治国方略
	墨家	墨翟	《墨子》等	主张兼爱、非攻，强调尚贤、尚同，认同非命、节用
	杂家	管仲、吕不韦、刘安等	《管子》、《吕氏春秋》、《淮南子》等	兼收并蓄，融合诸子百家思想，通过采集各家言论，贯彻其政治意图和学术主张
	史书	左丘明、司马迁、司马光等	《左传》、《史记》、《资治通鉴》等	表现出民本思想，强调等级秩序及宗法伦理
古代兵书及经典战例		孙武、司马穰苴、孙膑、吴起、诸葛亮、刘基等	《孙子兵法》、《司马法》、《孙膑兵法》、《吴子》、《将苑》、《百战奇略》、《三十六计》等	主张因势任势，注重奇正结合，讲究权变创新，包含丰富的朴素唯物论与辩证法思想
古代生产经营实践及总结		范蠡、沈括、宋应星、明清的徽商及晋商等	《史记·货殖列传》、《梦溪笔谈》、《天工开物》等	主张发展工商业，讨论国家经济政策及生产经营、技术管理之道，注重对市场供求及价格规律的总结及运用
古代文学作品		罗贯中、冯梦龙、曹雪芹等	《三国演义》、《东周列国志》、《红楼梦》等	蕴涵丰富的战略管理、竞争谋略与领导艺术等方面的管理思想

范蠡（公元前536年—公元前448年）

字少伯，春秋时期楚国人，辅助越王勾践灭吴国后，急流勇退，赴齐国定陶经商，积资巨万，人称"陶朱公"。范蠡被后世尊称为"商圣"，被生意人奉为财神。他所采用的经商之策，如"务完物，无息币"，"论其有余不足，则知贵贱"，"贵出如粪土，贱取如珠玉"，"旱则资舟，水则资车"等至今依然具有很强的现实意义。

在中华传统文化熏陶下成长起来的中国人，身体里流淌着华夏文明千百年积淀所铸就的特殊血脉，即便在国外喝了多年的"洋墨水"，整天吃着汉堡，喝着可乐，但心里依然打着很深的传统文化的烙印。大量的事实证明，仅仅依靠全盘引进式的管理，面对文化传统积淀很深的国情，中国企业必然会表现出很大的不适应性，出现严重的"水土不服"。

在差异中融合

由于中西方文化、历史背景不同，因此，所形成的管理思想也存在很大的差异性，归纳起来，主要体现在以下一些方面（见表0—2）。

表0—2　　　　　　　　　中西方管理思想的比较

比较内容	中国传统管理思想	西方现代管理思想
关注层面	侧重"道"的层面，注重管理哲学与管理理念	侧重"术"的层面，注重具体操作与管理工具
立足视角	立足于管理者个体利益与发展空间的最大化	立足于管理者所在组织利益与发展空间的最大化
管理方式	偏重"德治"，强调管理的艺术性和"软"的一面	偏重"法治"，强调管理的科学性和"硬"的一面
控制手段	注重定性管理，管理目标相对模糊，管理过程弹性较大	注重定量管理，管理目标相对清晰，追求标准化与最优化
优化范围	注重整体优化，强调和谐	注重局部优化，强调竞争

第一，道与术：关注层面的差异。由于中国传统社会长期以农业为基础，以一家一户的小农耕作为基本的生产方式，未经历过类似西方工业化的历史巨变，从而导致技术理性、工具理性不发达。因此，中国传统的管理思想侧重"道"的层面的体悟，注重对管理哲学与管理理念的思考，认为理念是管理鲜活的灵魂；而西方现代管理理论则侧重"术"的层面的内容，重视具体操作与管理工具，这种管理思想在泰罗（Frederick Winslow Taylor）等管理学家所倡导的科学管理运动中体现得非常明显，科学管理运动最初就是从基层员工的动作研究和工作优化起步的。

第二，个体与组织：立足视角的差异。在中国传统社会中思考管理问题，立足点始终是管理者的长治久安，也就是说，关注的是当前或者未来的管理主体自身利益与发展空间的最大化，无论是孔子所提出的"仁政"思想，还是孟子所提出的"民本"思想，归根结底都是为君王的统治服务的,是从君王这一个体的利益出发来考虑问题的,因此,中国传统管理思想的根本出发点是管理者本人,为了自己的长期利益,管理主体必须做到"内圣"与"外王"的统一。而西方现代管理理论关注的是管理者所在组织的利益及发展空间的最大化。从这个角度而言,中国传统管理思想关注管理者自我管理的内容,这是西方现代管理理论相对忽视的管理领域,但当管理者并非组织的实际控制者时,容易滋生"本位主义"、"利益小团体"等现象。

第三,软与硬:管理方式的差异。尽管儒家"德治"的思想与法家"法治"的思想均有悠久的传统,并在实践中得到了普遍的运用,但在西汉董仲舒在其上书的《举贤良对策》中提出的"罢黜百家,独尊儒术"的建议得到汉武帝的采纳之后,儒家学说就成为中国封建社会的正统思想,因此,中国传统管理思想偏重"德治"。在管理过程中,中国传统社会价值取舍标准的选择次序是"情"、"理"、"法",更多地强调管理中艺术性的成分,具有鲜明的问题导向,在许多情形下,解决问题的方式具有"只可意会,不可言传"的特点,即偏重管理中"软"的一面。以血缘关系为基础而缺乏流动性的长期农业生产、生活实践,使得中国传统社会珍视人际关系的价值,重视对人的管理,人际关系的协调在管理中具有突出的地位,血缘、亲缘、地缘等关系在管理决策中占据着很大的权重。而西方现代管理理论则偏重"法治",强调制度化建设对于企业管理的价值,通过提高管理的流程成熟度,不断提升企业的管理水平。西方现代管理理论所采用的价值取舍标准的排序是"法"、"理"、"情",更多强调管理中科学性的成分,即"硬"的一面。在西方企业管理中,非常重视各种具体的管理工具的运用,重视对技术和设备的管理。

第四,模糊与精确:控制手段的差异。周而复始的农业生产以及长期自给自足的自然经济,使得生活在中国传统社会中的人们形成了力求稳定、少走极端的价值偏好,孕育了儒家的"中庸之道"。中国传统管理思想注重定性的管理,在管理过程中广泛使用感性的管理手段,管理目标相对模糊,认为问题的解决存在一系列可接受的满意答案,而不是只存在唯一的最优答案,使得管理过程具有较大的弹性,并强调被管理者的自我约束,这种模糊化的控制手段也集中反映在道家"无为而治"的管理主张中。而西方现代管理理论强调定量的管理,在管理过程中广泛地使用理性的管理手段,管理目标清晰、明确,以绩效管理为基本手段,以数学、统计分析为主要工具,以标准化与最优化为效率标准。

第五,整体与局部:优化范围的差异。循环往复的乡土社会,使得中国传统社会中基于家族血缘和人际情感关系的相互依存性非常重要。中国传统管理思想注重对整体的管理,无论是《易经》、《老子》所阐述的阴阳观,还是《孙子兵法》所提出的战争制胜之道,都充分体现了系统论的思想,强调整体的利益大于局部的利益。将系统论的思想用于处理人际关系上,中国传统管理思想注重"人和",强调人与人之间情感的交流与沟通,这种"人和"的追求不仅体现在组织内部，而且体现在组织处理与外部公众的关系上，并进而将这一和谐的思想推而广之，追求"天人合一"的境界，强调人与自然的和谐统一。而西方现代管理理论强调科学的精神，注重局部的优化，事实上，第二次世界大战后西方管理理论丛林的产生，与不同管理学派所侧重强调的视角各不相同是直接相关的。在处理人际关系上，西方现代管理理论强调竞争意识，这种竞争不仅体现在企业之间，也体现在企业内部不同的业务单元、不同的职能部门、不同的管理者及员工之间。

诚如爱因斯坦（Albert Einstein）所言："西方科技如果缺少了东方智慧，就会变成瞎子；东方智慧如果缺少西方科技，就会变成瘸子。"从中西方管理思想的比较中可以看出，两种管理思想存在很大的互补性，为相互融合创造了有效的条件。

当中国众多的商学院和企业对西方管理理论与方法实施"拿来主义"大行其道的时候，早在20世纪80年代，世界上一些诺贝尔奖得主就联名倡议提出《巴黎条约》，指出"如果人类要在21世纪生存下去，必须回到2 500年前去吸取孔子的智慧。"而美国前总统里根（Ronald W. Reagan）则在1987年国情咨文中引用老子的名言："治大国若烹小鲜"（《老子》第六十章）。无怪乎管理大师彼得·德鲁克（Peter F. Drucker）在1997年就预言："过去十年内，'日本管理哲学'之类的书盘踞西方市场；未来十年内，相信与'中国管理哲学'有关的书将会成为畅销书。"

修己而后安人

正如《大学》所云:"欲明明德于天下者,先治其国。欲治其国者,先齐其家。欲齐其家者,先修其身。"从"修身",到"齐家",再到"治国",最后到"平天下",儒家"修齐治平"的思想确立了企业管理者提升管理水平的基本逻辑起点——自我修养。正所谓"一屋不扫,何以扫天下"(《后汉书·陈蕃传》),修己才能安人,管理者的自我修养构成有效企业管理的基石。

对于管理者的自我修养来说,重要的组成部分就是其人文素养。人文素养是企业管理者成长的基础,决定着其言谈举止、思维方法、沟通模式与管理风格。对于管理者而言,人文素养就如同人的血液,渗透在其各个方面。一个缺乏人文素养的管理者就像人患了贫血症一样,最终将影响自己的发展。尤其是对于企业高层管理者,特别是"一把手"来说,汲取先哲的管理智慧,提高国学素养,不仅决定着其自身的境界,更决定着企业的境界。

如此说来,对于现阶段中国企业的管理实践者来说,脱离传统文化,缺乏国学底蕴,管理绩效将大打折扣,即便试图在提高企业的管理绩效上做出一些努力,也往往事倍功半。

第 1 章 / Chapter One

反求诸己：管理反思

行有不得者皆反求诸己。

——《孟子·离娄上》

地势坤，君子以厚德载物。

——《易经·坤卦》

《论语·卫灵公》中强调："君子求诸己，小人求诸人。"意思是：君子善于从自己身上找原因，小人则总是从别人身上找原因。《孟子·离娄上》也强调："行有不得者皆反求诸己。"指出：凡是行动没有达到预期的效果，都应该反过来检查自己。国学典籍中所强调的"反求诸己"意识，为管理者开展自我反思提供了深厚的思想基础。

不亲反仁

关于"反求诸己"，孟子解释道："爱人不亲，反其仁；治人不治，反其智；礼人不答，反其敬。"（《孟子·离娄上》）意思是说，爱别人却得不到别人的亲近，就要反问自己的仁爱是否不够；管理别人却没有管好，就要反问自己的智慧和知识是否够用；我对别人有礼，别人却对我不理不睬，就要反问自己的恭敬够不够。

万物皆备于我，"反求诸己"是一种高超的管理艺术。在企业中，经常可能爆发管理层与员工之间的冲突。对于不知情的局外人而言，这种冲突颇有"公说公有理，婆说婆有理"的味道，似乎应该"拉出去各打五十大板"，但如果双方都能够自我反省一下，矛盾自然就迎刃而解。但关键的问题是：谁先做出让步？

此时，位高权重的管理层应该率先"反求诸己"，这既表现出一种姿态，也是解决问题的根本途径。固然，管理层可以凭借自己的强势向员工开出解聘通知书，但得到的可能只是一种"双输"的结果。遗憾的是，对于许多企业的高层管理者来说，由于长期处于企业这一科层组织金字塔的顶层，拥有强大的资源调配能力，一旦企业出了问题，总是习惯性地"求诸人"。开除几匹"害群之马"当然可以出口恶气，但情绪的喧嚣未必能解决企业所面临的现实问题。对于企业高层管理者而言，应该好好品味一下李嘉诚的管理感悟："要成为好的管理者，首要任务是自我管理，在变化万千的世界中，发现自己是谁，了解自己要成为什么模样，建立个人尊严。""人生不同的阶段中，要经常反思自问，我有什么心愿？我有宏伟的梦想，但懂不懂什么是有节制的热情？我有与命运拼搏的决心，但有没有面对恐惧的勇气？我有信心、有机会，但有没有智慧？我自信能力过人，但有没有面对顺境、逆境都可以恰如其分行事的心力？"

自胜者强

《论语·子路》中记载着鲁定公与孔子的一段对话，颇能发人深省。当鲁定公问及孔子，是否有"一言而丧邦"的情况时，孔子回答道："言不可以若是，其几也，人之言曰：'予无乐乎为君，唯其言而莫予违也。'如其善而莫之违也，不亦善乎？如不善而莫之违也，不几乎一言而丧邦乎？"意思是说，话不能说得这么绝对，不过，就像有人所说的那样："我做一国的君主并没有什么快乐，唯一的快乐就是没有人敢违抗我的话。"如果他的话正确而没有人违抗，不正是好事吗？如果他的话不正确而没有人违抗，不就等于一句话而亡国吗？

高层管理者在重大问题上所做出的抉择，决定着企业的兴衰与成败。随着企业外部经营环境的不确定性越来越强，企业高层管理者所面临的挑战也越来越大，稍有不慎，企业将面临生与死的考验。世界著名的石油巨头——壳牌公司所做的研究表明，1970年位列《财富》杂志500强的公司，到1983年有1/3已经销声匿迹了。令人惊讶的是，大型企业的平均寿命还不到40年。为了避免企业"失之毫厘，谬以千里"的悲剧出现，企业高层管理者需要牢记"胜人者有力，自胜者强"（《老子》第三十三章）这一修身格言。

孔子（公元前551年—公元前479年）

名丘，字仲尼，儒家学派的创始人，曾担任鲁国大司寇，摄相事，晚年修订六经。孔子开创了私人讲学的风气，相传有3 000弟子，其中贤者72人，被后世统治者尊为"至圣先师"。为游说自己的政治主张，他曾带领弟子周游列国14年。《论语》一书是记载孔子及其弟子语录及行录的典籍，共20篇，1.2万余字，与《孟子》、《大学》、《中庸》合称为儒家的"四书"。

尽管不同人的需求千差万别，但从本质上说，肩负重要责任的企业高层管理者应将自己定位于马斯洛（Abraham Maslow）需要层次理论所界定的自我实现人。正如俗话所说的那样，"兵熊熊一个，将熊熊一窝"，高层管理者的内在修养决定着企业的未来。尤其是当企业达到一定的规模之后，高层管理者就更有必要潜心提高自己的内在修养，需要具备"战战兢兢，如临深渊，如履薄冰"（《诗经·小雅·小旻》）的意识，原因在于：企业的规模越大，企业领导者所面临的挑战也就越大，可能面对的诱惑和陷阱也就越多。

与孔子几乎同时代的古希腊哲人芝诺（Zeno of Elea）的典故很能说明问题。当芝诺的学生对这位学富五车的老师仍然保持着非常旺盛的求知欲感到大惑不解的时候，他并没有马上回答学生所提出的问题，而是先用手杖在沙地上画出了一大一小两个圆圈，而后解释道："大的圆圈好比我所掌握的知识，小的圆圈好比你们所掌握的知识。我虽然掌握的知识比你们多，但我接触的未知世界也比你们大。"

一旦某个人有志于将经营管理企业作为自己的人生定位，就意味着他必须一丝不苟地奉行"学然后知不足"（《礼记·学记》）的人生信条。因为企业家的责任如此重大，很容易将一个好端端的企业引向失败的深渊。

厚德载物

《易经·坤卦》写道："地势坤，君子以厚德载物。"指出：大地至顺极厚而顺承天道，君子应效仿大地，以深厚的德行来包容万物。《老子》第六十六章中以水作比喻，认为"江海所以能为百谷王者，以其善下之，故能为百谷王。"可见，海纳百川的关键是它处于百川的下游，企业家要网罗并留住人才，也需要有"善下"的胸怀。

可惜的是，属下多达几百、上千乃至上万之众的企业领导者，最难做到的恰恰就是这一点。对于一些企业高层管理者而言，趾高气扬、指手画脚仿佛成了他们的职业习惯。但问题在于，他们的下属也是理性的"经济人"，即便被迫屈从于"人在屋檐下，不得不低头"的现状，只要心里有了"疙瘩"，也会有自己的"小算盘"。而自从人类有了企业这一组织之后，就会出现委托—代理问题，代理人可能违背委托人的利益行事。这种委托—代理问题不仅体现在企业的所有者与经理人之间，也体现在企业内部任何上级与下属之间。尽管下属可能会忍气吞声，但最窝囊的下属也懂得以偷懒来实施无声的抗议。即便企业中有着十分严格的考核制度，但再严格的考核制度也可能存在漏洞，更何况企业管理中的许多方面本身就难以实施量化考核。因此，最严格的考核制度也比不上将心比心的重要性。

由此看来，"是以欲上民，必以言下之；欲先民，必以身后之"（《老子》第六十六章）确实算得上至理名言。管理者要想管理好下属，必须用言语对他们表现出谦下的态度；要想领导好下属，必须将自己置于他们的后面。

在寺庙中，弥勒佛塑像旁的那副对联应成为企业家的座右铭："大肚能容，容天下难容之事；笑口常开，笑世上可笑之人。"犹太人之所以能够成为精于生财之道的民族，被誉为"世界商人"，与他们豁达、大度的性格特征密不可分，从下面的犹太民谚中可见一斑："如果断了一条腿，你就应该感谢上帝不曾折断你两条腿；如果断了两条腿，你就应该感谢上帝不曾折断你的脖子；如果断了脖子，那也就没什么好担忧的了。"

宽容应成为领导者的美德。事事精明过人，一定不是一个真正精明的领导者。春秋五霸之一的楚庄王"灭烛绝缨"的典故很好地说明了这一点。据《东周列国志》记载，楚庄王宴请百官，从中午一直到日暮，君臣仍然意犹未尽，楚庄王命人点上蜡烛，同时，还让自己最宠幸的两位美人——许姬和麦姬轮流向大臣们敬酒。忽然，一阵狂风刮来，吹灭了席间所有的灯烛。有人乘漆黑一片之际，调戏美貌的许姬，不想许姬一抬手，扯断了他帽子上的缨带。许姬感到很委屈，恳求楚庄王马上命人点亮蜡烛，看谁没有帽缨，就能找到元凶。而楚庄王却命令所有的臣子扯下帽缨，说："今晚我要与各位一醉方休，痛饮一场。"这就是历史上著名的"绝缨宴"。因为楚庄王的宽厚仁慈，在七年后楚国攻打郑国的战斗中，这位当年乘机"揩油"的将领唐狡率领数百之众，一路过关斩将，直逼郑国都城，为楚国立下了汗马功劳。战后，楚庄王论功行赏，他表示不要赏赐，并坦白了当年宴会上无礼之人就是自己，此举全为报当年楚庄王不追究之恩。楚庄王大为感叹，便把许姬赐给了他。

在这里，楚庄王表现出一个君王不同寻常的肚量，"难得糊涂"了一把，既保全了臣属的面子，又不失自己的尊严，体现出自己的人格魅力和领导艺术。这样一来，难怪臣子会甘心为君王效犬马之劳。

企业家何尝不是如此？20世纪70年代后期的克莱斯勒公司已经成为"一艘下沉的船"。在此危难之际，1978年，克莱斯勒公司董事会不计前嫌，起用"死对头"——福特汽车公司前任总裁李·艾柯卡（Lee Iacocca）担任公司CEO。艾柯卡临危受命，舌战美国国会议员，取得了政府特别贷款；改革公司不合理的组织结构，整顿松散的纪律；开发新产品，推出新车型，使克莱斯勒公司在1983年起死回生，还清了8亿多美元的银行贷款，并在1984年实现盈利24亿美元，超过公司历史上所有年份盈利纪录的总和。

尤其是在制度还不完善的情况下，企业高层管理者更需要具备"小不忍则乱大谋"（《论语·卫灵公》）的宽容与大度。此时，高层管理者不能太理想主义，强求用自己心目中的理想标准要求别人，否则，只能是拔苗助长，结果事与愿违。只要是企业规章制度没有禁止的东西，就是允许的，处于企业合法的边界之内。如果说还存在不合理之处，那也有赖于企业制度建设的随后跟进。

容人短长

"尺有所短，寸有所长。"（《楚辞·卜居》）管理者不能苛求下属完美无缺。任何人都难免有小毛病，只要无碍大局，管理者就不必太放在心上。

明代思想家刘基所著的《郁离子》中讲过一个故事，有一个赵国人，家中闹鼠患，特意从中山国抱回一只猫。没想到的是，这只猫既擅长捕鼠，也喜欢吃鸡。结果，家中的老鼠虽已捕光，但鸡也被吃得所剩无几。当他的儿子试图撵走吃鸡的猫时，他说："我们家最大的祸害是老鼠，老鼠偷吃食物，咬坏衣物，挖穿墙壁，损坏家具，不除掉它们，我们必将挨饿受冻。而没有鸡，大不了不吃罢了，离挨饿受冻还远着呢！"

同样的道理，在人才的使用上，管理者不能吹毛求疵，要做到"不以小恶妨大美"（《文子·上义》）。《汉书·东方朔传》指出："水至清则无鱼，人至察则无徒。"说的是，水如果太清了，就会导致养分缺乏，养不活鱼；而一个人如果明察秋毫，就没人愿意跟从他。管理者应该有广阔的胸怀，包容员工的缺点与不足，如果挑三拣四，到处指手画脚，最后只能是众叛亲离，纵有满腔抱负，也只能是曲高和寡，无人响应。特别是当制度的边界不清晰时，即便员工的举动与管理层心目中的期望相对照有所"出格"，管理层的反应也应该是今后努力去"约法三章"，但如果现在就对员工"算总账"，给员工"背黑锅"，这样的做法不仅显得不地道，而且也显得不明智。事实上，堪用之人往往是个性分明的人，有缺点的"能人"要比平庸的"完人"有意义得多，用人应不拘小节，而前提条件是：领导者要有容人之短的胸怀。如果看人不从大的方面着眼，一味将下属的缺点放大，必然会严重挫伤下属的积极性。

更为关键的是，长和短是相对的，每个人的能力有高有低，这就需要领导者对下属进行合理的配置，正所谓"令鸡司夜，令狗守门"（《淮南子·泰族训》），如果领导者能对员工因材而用，即便他们有这样那样的不尽如人意之处，也能让他们各尽其能，各得其所。比如，缺乏激情，不善言辞，对于从事销售工作可能不是什么好事情，但对于造就优秀的财务人员却可能不是坏事情，因为这样的个人特质可能正是工作细心、算账清楚、严守机密的基础。

在企业中，如果说容人之短不太容易做到，容人之长则可能更加困难。原因在于，在领导者心目中，容人之短多少有一种居高临下的自豪感，而容人之长则意味着需要仰视才得以见真面目的窒息感。对于有些企业高层管理者，尤其是"一把手"来说，企业边界之外的事情他们无能为力，但在企业边界之内，绝对容不得比自己强的人。一些企业"一把手"既容不得自己的下属犯一星半点的错误，希望每个员工都能够把自己的话当成"圣旨"，对自己言听计从，又容不得企业中有人比自己高明，正所谓"一山不容二虎"，怕能人威胁自己的地位，在选人、用人的时候，死死守住一条底线——绝不找比自己"高"的人。但企业领导者如果缺乏容人之长的胸襟，企业必然会遭遇发展的瓶颈。无法容人之长恰恰是许多企业长不大、做不强的根本原因，因为这些企业在发展的过程中出现了能力的短板。

因此，聪明的居于上位者懂得去发现人才，不害怕比自己"高"的人，重要的是自己拥有驾驭这些人才的能力，在尊重人才的基础上，让这些优秀的人才团结在自己的周围，愿意为自己效力。而对于那些知识与能力不如别人、暂居下位的人而言，首先要有口服心服的气度，同时，还要有迎头赶上的决心与脚踏实地的耐心。

君子慎独

有意思的是，由于企业领导人处于整个企业金字塔的顶端，需要不断加强自我修养的他们恰恰缺乏思考与学习的监督机制，因此，企业家真正做到"慎独"就显得格外重要。

"慎独"是儒家的重要思想之一，也是儒家自我修养的重要手段。《中庸》第一章中指出："道也者，不可须臾离也，可离，非道也。是故君子戒慎乎其所不睹，恐慎乎其所不闻。莫见乎隐，莫显乎微，故君子慎其独也。"强调道不可以片刻离身，可以片刻离身的东西就不是道了。所以，君子在没有人看见的时候也时刻检点自己的行为，在没有人知道的时候也生怕违反了道。即便在隐蔽、细微之处，也不会出现背离道的表现。因此，君子在独处时也能保持自己的操守。

东汉杨震的"四知"箴言集中体现了儒家的"慎独"思想。据《后汉书》记载，公元108年，杨震调任东莱太守，在赴任途中经过昌邑。当时，担任昌邑县令的王密曾是杨震任荆州刺史时举荐的官员。他听说杨震路过自己的辖区，专程前来谢恩，送给杨震黄金十斤，并称无人知道。杨震的回答是，"天知，神知，我知，子知"，坚决不接受。

在企业里，处于上位的领导者唯有树立"慎独"的意识，才能形成自我修养的有效监督机制。对于企业家而言，经过多少年的打拼，一步一个脚印，才有了今天的身份和地位，而只要摔上一个惨重的跟头，今天所拥有的一切就可能在片刻间烟消云散。成就一番事业往往需要经历一个漫长的艰苦卓绝的过程，而事业的败落则可能只是一朝不慎的结果。

第 2 章 / Chapter Two

三达德：自我修养

知者不惑，仁者不忧，勇者不惧。

——《论语·子罕》

知耻近乎勇。

——《中庸》第二十章

孔子强调："知者不惑，仁者不忧，勇者不惧。"（《论语·子罕》）在这里，"知"通"智"，意思是说，聪明的人不会感到困惑，仁德的人不会感到忧愁，勇敢的人不会感到害怕。孔子认为，完美的人格应该是智、仁、勇的组合。《中庸》第二十章进一步明确道，"知、仁、勇三者，天下之达德也"，认为智、仁、勇是三种至高无上的道德品质。儒家的"三达德"思想对今天的企业家提升自我修养具有重要的借鉴价值。

智者不惑

智是"三达德"中首要的修养,成功的企业家首先是一个智者,能够有效地辨别是非,坚持恒定的价值取舍标准。管理者如果缺乏清醒的理智、丰富的阅历,就会像孔子所说的那样,"好仁不好学,其蔽也愚"(《论语·阳货》)。

1. 是非之心

正如孟子所云:"是非之心,智也。"(《孟子·告子上》)智即是明,智者首先需要明辨是非。对于企业家而言,强大的领导力要求他具备明确的价值取舍标准,而且必须通过有效的途径将这种价值取舍标准公之于众,在面临两难处境的时候,能够坚定地按照这种价值取舍标准做出抉择。

荀子进一步指出:"是是、非非谓之知,非是、是非谓之愚。"(《荀子·修身》)大意是说,肯定好的方面,否定坏的方面,就叫做智;否定好的方面,肯定坏的方面,就叫做愚。榜样的力量是无穷的,在企业管理中,存在很强的示范效应。优秀的企业家总是能够在面临各种非程序化决策的时候,凭借自己丰富的管理经验,做出合理的选择,并为今后的管理行为树立参照系。因此,树立先进典型无非是实现"是是"的具体途径，杀一儆百也不过是为了达到"非非"的最终目的。

孟子（公元前372年—公元前289年）

名轲，儒家学派的重要代表人物，一生致力于求学、教书、周游列国，主张仁政学说，被尊称为儒家的"亚圣"。《孟子》一书是其言论汇编，约3.5万余字，被列为儒家的"四书"之一。

事实上，企业家不仅需要具备是非之心，而且需要遵循始终如一的是非判断标准。可预期性是有效激励的基础，企业家行为的可预期性越强，对员工奖勤罚懒、奖优罚劣的效果就越好。在许多企业里，开会迟到是一个始终无法克服的顽疾。而柳传志却很好地解决了这一老大难问题，其实，他的措施很简单，即明确规定：今后不管谁开会迟到，全体与会人员一齐起立，默哀一分钟。因此，"是是"、"非非"贵在持之以恒。否则，总是存在例外原则，可以另行处理，"非是"、"是非"就可能卷土重来，占据主导地位。

2. 不失人与不失言

人际交往能力是企业家必须具备的重要能力之一，也是企业家团结内部公众、构建和谐的外部发展环境的基本途径之一。关于这个问题,《论语》有清晰的表述:"可与言而不与之言,失人;不可与言而与之言,失言。知者不失人,亦不失言。"(《论语·卫灵公》)失人与失言是人际交往中的大忌,什么时候该三缄其口,什么时候该开口说话,什么时候该说掏心窝子的话,对什么人该说掏心窝子的话,是智者的基本修养。

《战国策·秦策》中记载,战国时期,范雎被秦昭王召见。第一次和第二次,秦昭王向范雎请教治国之策,他都没有说,因为他发现秦昭王在与他谈话的时候心不在焉。范雎认为,此时讲出一套让秦国富强称霸的大道理毫无用处。直到第三次,秦昭王单独召见了范雎,他见秦昭王专心致志,虚心求教,才详细地剖析了秦国的强国之路。范雎的一席话打动了秦昭王,被秦昭王任命为相。范雎可谓是既不失人又不失言的智者。

与人交往已经很多年,交情已经很深,话还说得滴水不漏,需要打上半天的腹稿,显然是不拿别人当朋友、当心腹。企业家需要谨防"交深言浅",否则,老是拿着一套标准的"官腔"去面对所有的人,表面上看仿佛能够做到"一碗水端平",但"失人"则不可避免了。原因在于,"圈内人"会因为他的冷漠而寒心,而"圈外人"又分明感觉到他是在戴着面具说话,结果两不讨好,无论是"圈内人"还是"圈外人",今后谁也不买他的账。

在一些企业中,领导风格带有很强的神秘主义色彩。高层管理者为了确保自己的权威性，往往不愿意让员工分享相关信息。管理者的初衷似乎是为了不"失言"，但实际的结果却是管理者的"失人"。正式沟通渠道的不畅通，导致企业中各种非正式沟通渠道大行其道，小道消息满天飞，长此以往，必然挤占企业这棵大树的养分，直到它轰然倒下。

相反，与人谋面尚未多久，就开始称兄道弟，仿佛已经有过八拜之交。殊不知，"人心隔肚皮"，在笑脸的背后，可能正是一个挖得很深的陷阱。在没有硝烟的商战中，充斥着各种诱惑；在企业里，也可能存在形形色色的"小圈子"。由此看来，"交浅言深"的"失言"后果之严重不言而喻。

3. 错与恶

正所谓"无心非，名为错。有心非，名为恶。"（《弟子规》）意思是，如果无心做了错事，称为过错；若是明知故犯，便称为罪恶。有智慧的管理者能够有效地在错与恶之间做出甄别，对自己、对下属都应该这样。

严于律己固然是一种美德，但有些企业领导者对自己的要求严格得近乎苛刻，就不是什么好事了。一方面，这无形中会给自己施加莫大的心理压力，使身心疲惫不堪，不利于打持久战；另一方面，生怕犯错的结果使得自己追求四平八稳，导致创新动力缺乏，最终只能是"逆水行舟，不进则退"。在现代不确定性环境下，企业领导者应该多给自己一些宽容，只要这种宽容针对的主体是"错"，而不是"恶"。

由于信息不充分、时间紧迫而不能不做出的决策，即便后来出了问题，应该列入"错"的范畴；由于外部不可控因素而导致环境突变造成的失误，应该列入"错"的范畴；在创新过程中出现这样那样的问题，如果主流是积极、正面的，也应该列入"错"的范畴，应该给自己必要的宽容。但如果由于时间充分而不去收集更多的信息，导致决策失误；或者由于主观努力不够，而导致行事不力；或者由于对客观形势不闻不问，而贸然行动，仓促变革，导致企业伤筋动骨；或者在同一地方摔两次跟头，则应该列入"恶"的范畴，并进行深刻的自我反省和批判。

容不得下属出错的企业管理者缺乏大将风度，凡事斤斤计较，久而久之，会导致人心涣散，或者造成员工积极性、主动性、创新性不足，难以将企业做大、做强。反之，一味纵容下属而不加干预的企业管理者，必然造成企业风气不正，不依规矩，难以成方圆。问题的结点就在于：下属到底是无心为非，还是有心为非？

人才培养需要成本，创新也需要成本，而"无心非"所造成的"错"可能恰恰构成上述成本的一部分。宽容机制本身是人才培养机制的重要组成部分，是创新激励机制的重要组成部分。如果在一定范围内的失败是可以被容忍的，员工就不会畏首畏尾，工作热情就会空前高涨，创新意识就会非常强，进步就会非常快，成果也就会随之增多。

特别是在技术创新中，需要建立宽容机制。在硅谷流传着这样一句话：It's OK to fail，大意是"失败是可以容忍的"。IBM曾有一位高级技术主管，由于某项技术创新失败而造成近千万美元的巨额损失，许多人主张开除他。而公司管理层却认为，如果将他开除，公司岂不白交了近千万美元的"学费"。事实上，技术创新失败的原因主要有两个方面，其一是态度出现了问题，其二是方法选择不当。由于态度问题导致的失败无法宽恕，而由于方法问题出现的失败，则应以宽容的态度和方式加以处理，甚至在必要的时候，还应给予一定的鼓励。

因此，企业有必要建立一种鼓励创新的文化，使得整个企业对技术创新中可能出现的失败有一颗包容的心，以便为研发人员放手开展工作消除后顾之忧。如果缺乏有效的宽容机制，研发人员的心思就将花在如何不去犯错误上，而不是去思考如何才能创新，创新意识将受到极大的压抑。

英特尔公司一直将"鼓励尝试风险"作为企业文化的基本原则。公司创始人摩尔（Gordon Moore）有一句话常挂在嘴边："改变是我们的挚爱。"在英特尔，只能完成上级交办任务的员工是不会有大出息的，只有善于动脑筋、总结经验和不断创新的员工才能在公司中立足，并获得晋升的机会。英特尔允许技术人员犯错误，不会看轻"战败将军"。当然，英特尔的尝试风险针对的是计算过的风险，而非盲目地跳进死局里。

仁者不忧

"仁"是孔子思想的核心概念,在儒家伦理思想中占有极其重要的地位,是儒家对弟子修身的根本要求,也是儒家评判社会的基本价值尺度。《论语》中光"仁"字出现的频率就达到100多次。

1. 仁者爱人

根据汉代许慎《说文解字》的解释,"仁,亲也。从人二。"意思是说,仁是亲近的感情,发生于人与人之间。《论语·颜渊》中记录了孔子和学生樊迟的一段对话。樊迟向老师请教什么叫做"仁",孔子回答道:"爱人"。孔子强调要与人为善,人与人之间要相互关心和爱护,要博爱大众,即"泛爱众"(《论语·学而》)。孟子继承了孔子这方面的思想,并将此概括为"仁者爱人"(《孟子·离娄下》),指出:"人之所以异于禽兽者几希"(《孟子·离娄下》),差别就在于人是有道德的。董仲舒也说:"仁之法,在爱人,不在爱我。"(《春秋繁露·仁义法》)

企业的成功经营,需要员工对企业具有同心感,而这种强有力的同心感又建立在管理层怜爱之心、恻隐之心的基础上,需要管理层关心下属、体恤下属,让员工真正感受到温暖。亲情管理是一种有效的管理手段，在竞争激烈的市场环境中，为什么一些规模不大的企业却有很强的竞争力？这与它们内部有更为融洽的人际关系密切相关。

当然，儒家所主张的"仁者爱人"并非对所有的人一视同仁，而是表现出由近及远的层次性。"孝弟也者，其为仁之本与！"（《论语·学而》）"孝"指孝敬父母，"弟"通"悌"，指尊敬兄长，也就是《中庸》第二十章中所说的"亲亲为大"。一个人一出生，就确立了父子、母子、兄弟关系，所以"爱人"之本首先就是孝敬父母，尊敬兄长，而后逐步扩散，到夫妻、祖孙、叔侄、舅甥等姻缘、血缘关系，再推而广之到同窗、同乡、同事、上下级及其他各种各样的社会关系。孝悌之所以构成仁之本，道理很简单："其为人也孝弟，而好犯上者，鲜矣；不好犯上，而好作乱者，未之有也。"（《论语·学而》）意思是说，一个人为人孝敬父母，敬爱兄长，却喜欢冒犯上级，这种情况很少有；而不喜欢冒犯上级，却喜欢造反，这种人从来没有过。

可以想象，一个家族企业如果出现父子相侵、兄弟反目、夫妻成仇的情况，就很难让员工对这个企业产生归属感，因为管理层已经动摇了仁的根基，在员工心目中缺乏可信任的基础。相反，如果一个企业的领导者不管工作多忙都不忘记父母的生日，在结婚纪念日总会给妻子送上一件精心挑选的礼物，只要不出差每天都尽可能抽出时间与孩子交流，则很容易将企业培养成温馨的"大家庭"。

同样道理，管理层应该鼓励、帮助、支持员工与家人之间建立和睦、融洽的关系，这样才有助于塑造和谐、亲和力强的企业氛围。

很难想象，一个不懂孝悌之道的人，会成为对企业忠心耿耿的员工。如此说来，培养对企业这个"大家庭"的忠诚感，首当其冲需要培养员工对自己"小家庭"的忠诚感。无怪乎日本松下公司将儒家经典——《孝经》列为员工必读书目，松下商学院的学员每天清晨集合后，各自面向自己的家乡，遥拜父母，心中默念《孝经》。通过让员工学习孝道，松下公司旨在培养员工的仁爱之心。

2. 力行近乎仁

儒家不仅鲜明地指出了仁的努力方向，而且明确地指出了仁的实现路径。正所谓"力行近乎仁"（《中庸》第二十章），努力行善就接近仁了。对于企业管理层而言，要推行人本管理，大会小会反复讲固然重要，但关键是"力行"，一打口号顶不上一次实际行动。

《论语·乡党》记载："厩焚。子退朝，曰：'伤人乎？'不问马。"故事是说，在退朝后，孔子得知马厩被烧了，直接的反应是问是否伤人，而不关心马及其他财产。孔子的话虽然只有寥寥数语，却耐人寻味，表现出仁者不加掩饰的深厚内蕴，表达出圣人最朴素的仁爱之心，毫无雕琢、修饰之感，对人的关切之情跃然纸上。

孔子认为："君子去仁，恶乎成名？君子无终食之间违仁，造次必于是，颠沛必于是。"（《论语·里仁》）大意是说，君子如果抛弃了仁，又怎么能成就声名呢？君子哪怕是一顿饭的时间也不会离开仁，即便在最忙乱的时候也是这样，在颠沛流离的时候也是这样。

在这里，孔子指出了最容易与仁背道而驰的两种情形——"造次"与"颠沛"，对今天的企业家很有现实意义。

对于一些企业领导人而言，对下属的关心往往是锦上添花的事情，当自己有闲的时候，会与下属一起聚聚，或者逢年过节，例行公事地给员工发点东西。而根据经济学著名的边际效用递减规律，这种锦上添花的事情对于员工的激励效用并不明显。越是"造次"，当公司的业务越繁忙、自己的日程安排得越满的时候，企业领导者越需要冷静地思考"仁者爱人"在当前的必要性、紧迫性，越需要想方设法地表达出对员工的关心和爱护。而当企业面临"颠沛"，遭遇这样那样的麻烦，甚至企业的生存和发展都面临威胁的时候，企业领导者切不可因为将注意力转向这些难题而忽视对员工的关心。事实上，当企业面临危机时，能够使企业起死回生的最重要力量可能就是员工的众志成城，而这显然依赖于管理层能否在"颠沛"的时候坚持仁义之道。

3. 克己复礼为仁

正所谓"克己复礼为仁"（《论语·颜渊》），一个人只有约束自己，使自己的言行符合礼的要求，才能做到仁。在企业管理中，"克己"要求管理者克服主观随意性，尊重被管理者的人格；"复礼"可以理解为"按照游戏规则出牌"，不要乱来，严格按照规矩办事。可以说，"克己复礼"是"力行"的重要手段。

每个人都有自己独立的人格，管理者千万不能凭借自己高高在上的地位，口无遮拦，随心所欲，导致工作方式过于简单、粗暴。孔子主张："君使臣以礼，臣事君以忠。"（《论语·八佾》）君主只有以礼对待臣属，臣属才会对君主忠心。孔子还强调人们要各守自己的本分，齐景公曾问政于他，孔子的回答是："君君、臣臣、父父、子子。"（《论语·颜渊》）意思是，做君主的要有君主的样子，做臣子的要有臣子的样子，做父亲的要有父亲的样子，做儿子的要有儿子的样子，亦即各安其分。孟子进一步指出："君之视臣如手足，则臣视君如腹心；君之视臣如犬马，则臣视君如国人；君之视臣如土芥，则臣视君如寇仇。"（《孟子·离娄下》）

所谓"礼"，是各种规范和秩序，用来节制人们的行为和欲望，协调关系，减少冲突。在企业中，作为礼的制定者与裁判员，管理者的所作所为至关重要。他们的行为做出了表率和示范，向员工无声地传递着是应该循礼而行还是背礼而走的信号。

一家世界知名大公司的CEO上班时由于忘戴胸牌，被公司门卫拦在门口，要求出示证件。有人反问门卫道："你不认识我们公司的CEO吗？"门卫回答说："我当然知道他是CEO，可我的工作职责就是检查出入人员的证件，谁也不能例外。"出人意料的是，这位CEO主动掏出了有关证件，不但没有责怪门卫，反而将他作为一个不折不扣的执行力案例大加赞赏，到处宣传。

"克己复礼"应该成为企业家的自主意识，甚至成为企业家的条件反射。只有当"克己复礼"成为企业家自觉的习惯时，企业才能形成井井有条而又浑然天成的秩序感。

勇者不惧

孔子对勇的理解是见义勇为，敢于决断，知错必改。"勇者不惧"是儒家所追求的重要精神境界，也是君子应具备的重要美德之一。

1. 义理之勇

孔子曰："仁者必有勇，勇者不必有仁。"（《论语·宪问》）强调有仁德的人必定勇敢，而勇敢的人则未必一定有仁德。从这个角度而言，儒家所倡导的不是一时冲动的"血气之勇"，而是见义勇为的"义理之勇"。

据《庄子·秋水》记载，在游学于匡时，孔子的住所被一群卫国人拿着兵刃包围得水泄不通，但他仍不停地弹琴唱歌。子路不理解，孔子解释道：世界上有很多种勇敢，在水中行走不避蛟龙，是渔夫之勇；在陆地上行走不畏野兽，是猎人之勇；在刀光剑影之中仍能视死如生，是烈士之勇；而处变不惊，面临大难而不畏惧，知道穷困是因为天命，通达是由于形势，则是圣人之勇。颇有意思的是，在故事的结尾，围困孔子的宋国人不久便主动撤走，原来不过是一场误会。虽然是虚惊一场，但孔子所表现出来的大无畏精神确实令人钦佩。

在和平年代，当然不会像战争年代那样发生众多关于勇的传奇故事，但在巨大的诱惑面前，企业家能够保持清醒的头脑和冷静的心，把持得住自己，也就具备"义理之勇"了。IBM 的创始人沃森（Thomas J. Watson）之所以能缔造出"蓝色巨人"这一企业王国，与这位虔诚的圣公会教徒简单而又执着的内心动力息息相关，他只是想要证明：他是一位正直的商人，而正直与财富并不矛盾，正直也能赚钱。

2. 勇能果断

子路曾经问老师孔子，如果带兵去打仗，他愿意和什么样的人共事？孔子回答说："暴虎冯河，死而无悔者，吾不与也。必也临事而惧，好谋而成者也。"（《论语·述而》）"暴虎"、"冯河"皆出自《诗经》，意思是徒手博虎，徒步过河，孔子不会和这样做死了也不后悔的莽夫共事，他愿意共事的人一定是那种遇事谨慎、善用计谋而又善于决断的人。"好谋而成"是孔子非常赞赏的行事风格，"好谋"即注重谋略，"成"关注的是决断力。

在关键时刻，勇于承担风险，敢于拍板，应该成为领导者的使命和责任。诸葛亮的空城计之所以能奏效，即引两个童子登上城头，潇洒抚琴，而让城门洞开，就让司马懿的15万大军主动撤退，在于他摸透了对手司马懿的思维方式："亮平生谨慎，不曾弄险。今大开城门，必有埋伏。我兵若进，中其计也。"（《三国演义》第九十五回）可见，诸葛亮的空城计既是智慧的杰作，也是勇气的结晶。而这种勇气不仅体现在诸葛亮当机立断的决策上，也体现在他临危不惧的风范上。如果诸葛亮在抚琴时手腕发抖，琴声发颤，空城计必然会被识破。

同样道理，在竞争激烈的市场环境中，企业家如果犹豫不决，往往会丧失良好的发展机会，最终悔之莫及。所以，企业家既需要独具慧眼，又需要胆识过人，勇能果断才能促成企业飞跃式的发展。李嘉诚的成功就与其决策之勇密不可分。在"文化大革命"期间，受大陆红卫兵运动的影响，香港左派将大字报贴至港督府，导致港督方面的暴力镇压。由于香港各界纷纷谣传"大陆要用武力收回香港"，香港出现第二次世界大战后第一次移民高潮，许多人纷纷低价抛售不动产。李嘉诚经过冷静分析后断言这只是暂时现象，趁许多人大举抛售房地产的时候果断买入，抓住了一个"逢低介入"房地产市场的良好时机。

3. 知耻近乎勇

正所谓"知耻近乎勇"（《中庸》第二十章），知道羞耻就接近勇敢了。孟子说："人不可以无耻，无耻之耻，无耻矣。"（《孟子·尽心上》）缺乏羞耻之心是人最大的耻辱。很多人可以敏锐地指出别人的短处，犀利地批评别人的缺点，但对自己的不足却往往"自臭不觉"，更没有勇气实施自我批评。

人皆有过，圣贤也不例外。君子与小人的区别就在于：君子"人告之以有过则喜"（《孟子·公孙丑上》），而"小人之过也必文"（《论语·子张》），即前者非常期望别人指出自己的过错，后者则想方设法文过饰非，表现出很大的境界差别。正如《弟子规》所言："过能改，归于无。倘掩饰，增一辜。"一个能够直面自己的缺点而下决心改正的人，才能够称得上是勇者，就像孔子所强调的"过则勿惮改"（《论语·学而》），否则，只能是一错再错，错上加错。

　　对于企业管理者来说，需要充分认识到自己的不足，并且能够正视自己的不足。面对不足，管理者不能找借口，要敢于承认错误，承担由此带来的后果，进而改正错误。正如台湾"IT 教父"施振荣在回顾宏碁的发展历程时所说："失误当然会有，但是勇于承认失败，才会吸取教训，以后不再犯错。宏碁有一个特点，就是允许犯错，因为我们认为，认输才会赢。"

第3章 / Chapter Three
三贵之道：交往艺术

出门如见大宾，使民如承大祭。

——《论语·颜渊》

言未及之而言谓之躁，言及之而不言谓之隐，未见颜色而言谓之瞽。

——《论语·季氏》

曾子 70 岁时一病不起，鲁国大夫孟敬子去探望他。孟敬子为人任性，生活奢侈，曾子规劝道："鸟之将死，其鸣也哀；人之将死，其言也善。君子所贵乎道者三：动容貌，斯远暴慢矣；正颜色，斯近信矣；出辞气，斯远鄙倍矣。"（《论语·泰伯》）大意是说，鸟快要死的时候，叫声是悲哀的；人快要死的时候，所说的话是善意的。君子应当予以重视的道德品质包括三个方面：使自己的容貌庄重，便可以避免别人的粗暴和轻慢；使自己的脸色端庄，就接近诚信了；使自己说话的言辞和语气得体，就可以避免别人粗鄙，说出悖理的话。后人将"动容貌"、"正颜色"、"出辞气"合称为曾子的"三贵之道",它们应成为企业管理者与人交往的有效准绳。

曾子(公元前505年—公元前435年)

名参,字子舆,16岁时拜孔子为师,一生勤奋好学,得到孔子的真传,是孔子学说主要的继承人和传播者。著有《大学》、《孝经》等著作,其中《大学》被列为儒家"四书"之一。曾子是孔子的孙子——子思的老师,而子思的门人又将其学问传授给了孟子。正是因为曾子上承孔子之道,下启思孟学派,对儒家的发展非常有建树,因此,他与孔子、孟子、颜子、子思一起被后世尊称为儒家的五大圣人。

动容貌

"动容貌"关注的是在与别人交往时的形象,是企业管理者减少交往的阻力、提高沟通效率的重要途径。

1. 先入为主

在第一次接触时，对陌生人所形成的判断叫做第一印象。英国一位著名的形象设计师曾说："这是一个两分钟的世界，你只有一分钟展示给人们你是谁，另一分钟则用来让他们喜欢你。"从心理学的角度来看，第一印象通常会在人们初次会面后的数十秒内形成，许多人都依赖第一印象所获得的信息对与其交往的对象予以判断。在商务交往过程中，第一印象对于生意的顺利推进并获得一系列有利的交易条款非常重要；对于一位上任伊始的管理者来说，在员工面前的第一次亮相也非常关键。

通过大量的研究，美国加州大学洛杉矶分校的心理学家艾伯特·梅拉比（Albert Mehrabian）得出一个公式：信息的全部表达＝7％语调＋38％声音＋55％表情。可见，在人际交往和商务谈判中，"动容貌"和"正颜色"所表现出来的信息容量占全部沟通信息容量的一半以上。

美国相关学者的研究也发现，职业形象较好的人，其起始的薪酬水平比不太注重形象的人高出8％～20％。许多公司在面试环节非常注重对员工外在形象、仪容仪表的考察。可见，在职场上，"动容貌"具有良好的投入产出效益，应引起管理者足够的重视。

2. 如见大宾

一个人永远不会有第二次机会给人以第一印象。在别人的心目中，不良的印象一旦形成，要想扭转过来可谓难上加难。因此，管理者从一开始就应该重视对自我形象的管理。

在这方面，孔子对自己的要求非常严格，秉承"出门如见大宾，使民如承大祭"（《论语·颜渊》）的一贯做法。试想，出门就像接待贵宾一样庄重，役使百姓就像承当大祭典一样庄严，怎么可能不树立良好的外在形象呢？

曾先后担任过福特汽车公司、克莱斯勒公司 CEO 的艾柯卡这样总结自己的经营之道：不外乎就是处理一大堆人际关系而已，让人们——从顾客、员工到银行家都信任你，觉得亲切。艾柯卡上述经营之道得益于他年轻时与父亲的一次谈话。

当时，艾柯卡正在学习做推销员。一个星期天的上午，他准备出门拜访顾客，由于约好的时间快到了，他衣冠不整就想冲出门去，却被父亲叫住。艾柯卡一边梳洗打扮，一边向父亲抱怨道："这个顾客根本就不会买东西的，何况才 3 美元的东西？"父亲严肃地对艾柯卡说道："儿子，你错了！这个人现在和我们一样处于社会底层，但你知道吗，有一天他可能是你的领导，可能是你最大的客户，甚至可能成为美国总统？即使是你将来的下属，或者什么也不是，难道你不认为与每一个人的交往都是无比重要的吗？你要小心谨慎地对每一个与你交往的人微笑……"

如此说来,"动容貌"应成为企业管理者自觉的行动,贯穿在管理的每一个细节当中。就像艾柯卡的父亲曾经教导他的那样:"未来你能成为一个怎样的人,取决于你与第一个人交往的开始。"

3. 貌思恭

那么,什么是"动容貌"的最佳境界呢?孔子给出的答案简单明了:"貌思恭"(《论语·季氏》),强调容貌要做到恭恭敬敬。

《论语·乡党》中详细地记录了孔子是如何在上朝、迎宾、出使、服饰、饮食、坐、卧、行等方面严格要求自己,努力奉行"貌思恭"的行为准则的。对于现代人而言,随着生活节奏的不断加快,固然不必再像春秋时期那样拘泥于众多的繁文缛节,但始终如一地保持优雅和文明,依然可以获得别人更多的尊重,无疑可以增进人际交往的效果。

英国大文豪莎士比亚(William Shakespeare)说过,"衣着往往反映人的心灵",服饰是人的"第二肌肤"。军人即使在夏天也戴上一副白手套,举手投足间便平添了几分威严之气;而诸葛亮正是凭借一身羽扇纶巾的装束,才给人以运筹帷幄、镇定自若的信任感。据《商业周刊》报道,为了赢得员工的爱戴,许多CEO在上任前会接受穿着、仪态、语言等形象塑造训练。管理者的着装要分场合,出席重要的商务谈判或庆典,穿正装可以凸显他们对这些场合的重视,对交往对象的尊重;而当公司组织员工郊游活动时,如果高层管理者西装革履,则会有鹤立鸡群、与员工格格不入的不和谐感。

在外人看来,企业管理者的服饰多少有一些外在的修饰感,而其行为举止则是内在修养的直观表现。一些外表卓越不凡的人,举手投足很难与他们昂贵的服装相匹配,反而衬托出名牌服装背后的"渺小"来。尤其在员工面前,管理者很容易滋长出颐指气使的优越感,与孔子所推崇的"使民如承大祭"的境界相去甚远。

合理地界定自己与员工之间的距离也是管理者有教养的表现。美国人类学家爱德华·霍尔(Edward Hall)将人际交往的距离分为四种:其一是亲密距离,近范围为 6 英寸之内,肌肤相触,亲密无间;远范围为 6~18 英寸之间,挽臂执手,促膝谈心。其二是个人距离,近范围为 1.5~2.5 英尺之间,相互握手,友好交谈;远范围为 2.5~4 英尺,朋友、熟人可自由进入这一空间。其三是社交距离,近范围为 4~7 英尺,在工作环境和社交聚会上,大多保持这一距离;远范围为 7~12 英尺,表现为更加正式的交往关系。其四是公众距离,这是演讲者与听众所保持的距离,在 12 英尺以上。面对一个不太熟悉的员工,如果与其距离太近,是对别人私人领地的侵犯;相反,对一个与你相交多年的下属,如果与其距离太远,则会产生疏远感。这种距离不仅仅体现在空间距离上,更重要的是体现在社会距离上。一位企业管理者即便衣着得体,仪表讲究,如果他打破了人与人之间正常的距离,也会被员工视为缺乏教养的表现。

正颜色

德国哲学家叔本华（Arthur Schopenhauer）有句名言："人的面孔要比人的嘴巴说出来的东西更多、更有趣，因为嘴巴说出来的只是人的思想，而面孔说出来的是思想的本质。"在叔本华看来，相对于有声的语言而言，"正颜色"这一无声的语言是一座更加深邃、更加重要的沟通桥梁。

1. 色思温

孔子强调"色思温"（《论语·季氏》），认为君子的脸色一定要温和。在企业管理中，"色思温"对上应该表现得敬而不谄，才容易获得上级的赏识；对下应该表现得温文尔雅，才可以获得稳固的群众基础；而面对顾客，则应该表现得和颜悦色，才可以获得巨大的市场空间。

"二桃杀三士"的典故从一个侧面反映出"色思温"在人际交往中的重要价值。春秋时期，公孙接、田开疆、古冶子三位大力士侍奉齐景公，以有勇力与老虎搏斗而闻名，但因自认为功劳大，没有将丞相晏婴放在眼里，对他极为不敬。晏婴非常生气，对齐景公说："现在君王所蓄养的勇士，对上没有君臣之礼，对下不讲究长幼之伦，对内不能禁止暴乱，对外不能威慑敌人，是祸国殃民之人，不如赶快除掉他们。"齐景公被晏婴说服，但担心这三人力气太大，与他们硬拼，恐怕拼不过，暗中派人刺杀，恐怕又刺杀不中。于是，晏婴请求齐景公将两只鲜桃赏赐给他们，人多桃子少，三人论功劳吃桃，以挑起他们之间的矛盾。公孙接、田开疆在一番表述之后，认为自己功劳大，各自拿走了一只桃子。等古冶子表功之后，公孙接、田开疆都觉得自己的功劳不如他，却先将桃子拿走了，羞愧难当，于是举剑自刎。古冶子看到他们自杀后，心里觉得非常内疚，也横剑自刎。

在《晏子春秋》中，"二桃杀三士"的故事被刻画得淋漓尽致，充满戏剧性。但故事的起因却非常简单，三位大力士太自以为是，对上不敬。对于企业管理者来说，在极度的顺境中，也很容易滋生出类似的情绪，虽然最终的结局不会像三位大力士那么悲惨，但却很容易限制自己的事业发展空间。

如果说面对上级，内心很容易生出一种天然的敬畏感，做到"色思温"还不那么困难，那么，面对下属，内心则很自然会生出一份天然的优越感，"色思温"实现起来则要困难得多。但问题在于，对于企业领导者而言，要想经营管理好一个企业，很大程度上在于经营好人心，如果员工的心散了，企业的凝聚力就会大幅下降，竞争力也就弱了。事实上，由于员工的努力程度在许多方面是很难考核的，因此，员工出于对企业领导人的认同而形成的内心自我约束就显得至关重要了。而情感的交往是一种交互的过程，员工对企业领导者的认同感来自企业领导者给他们留下的良好印象。

在市场营销学中，有一个著名的"250定律"，凸显出"色思温"对顾客服务的价值。这一定律是美国著名推销员乔·吉拉德（Joe Girard）根据自己的切身经历总结出来的。他认为，每一位顾客背后大体都有250位亲朋好友，如果你获得了一位顾客的好感，就可能赢得250个人的好感；反之，如果你得罪了一位顾客，就可能失去250位潜在顾客。对于销售人员来说，确实无法选择自己的容貌，但可以选择微笑，人性化的体验、亲情式的关怀是许多优秀的企业拓展市场的锐利武器。据统计，日本企业的售货员或服务员平均每年向顾客鞠躬多达5万次，从中可见一斑。

2. 令色鲜仁

"巧言令色，鲜矣仁。"（《论语·学而》）孔子的这一价值判断言简意赅，却发人深省。话说得动听，脸色装得友善，但如果不是发自内心的，又怎能称得上是仁义呢？所以，"正颜色"不仅仅关注"颜色"的表象，更为关注"颜色"的实质，即这种"颜色"不是伪装出来的。

谄媚之色就属于"令色"之类，面对位高权重之人，唯唯诺诺，极尽阿谀奉承之能事。不可否认，对上级尊重是人之常情，是基本的礼仪和修养，但如果摆出一副哈巴狗似的面孔，摇尾乞怜，则只会让人瞧不起。在现实中，要做到"贫而无谄"（《论语·学而》）实属不易。

苟笑也是一种典型"令色"。所谓苟笑，亦即强装笑颜。笑容本是人之喜悦的自然流露，但如果是皮笑肉不笑，就很难赢得别人的真情。对于许多企业而言，强调微笑服务固然重要，但如果对服务人员缺乏系统的培训，未能让一线服务人员真正树立服务意识，生涩的笑容未必招人喜欢。

在一些情形之下，"令色"未必是为了讨好权贵之人，也可能是为了自欺欺人、自抬身价。有些人底气不足，生怕别人看不起自己，因此拿腔拿调，装腔作势，哗众取宠，满脸虚伪之色；有些人自惭形秽，自愧不如，只好将自己封闭起来，冷若冰霜，满脸冷漠之色。

如此看来，在"正颜色"的背后，首先是正心。完善的顾客服务需要出自肺腑的同心感和亲和力，和谐的企业人际关系需要企业内部人与人之间将心比心。日本九州有一家很有名的糕点店，生意红火。有一天，一个乞丐走进店里，要买豆馅馒头。服务员收下钱之后，正准备将馒头递给他，被老板叫住："等一等，让我亲手交给他。"老板亲自将馒头递到乞丐手里，并深深地朝他鞠了一个躬。服务员大为不解，在乞丐走后，问老板道："平时来任何顾客，都是由我们服务，今天您为什么要亲自服务呢？"老板回答道："平常来的顾客既有身份，又有钱，他们光临我们的商店，没有什么稀罕。而今天的这位顾客，却有着特殊的意义，他掏出身上仅有的一点点钱，来光顾我们的商店，可见对我们的信任。因此，应该对他给予格外的对待。"

3. 切忌德色

"残杯冷炙有德色，不如著书黄叶村"，爱新觉罗·敦诚在《寄怀曹雪芹》一诗中这样写道。敦诚是清太祖努尔哈赤第十二子英亲王阿济格的五世孙，与其兄敦敏同曹雪芹素有往来。黄叶村位于北京西山脚下，曹雪芹晚年在此生活、著书。这句诗的大意是说，与其面对残杯冷炙，看别人有恩于你的脸色，不如在黄叶村著书立说。

所谓德色，是指自以为对别人有恩而流露出来的神情。与人为善，给人帮忙，自然是好事情。但如果帮忙之后，却整天将居功自傲、盛气凌人的表情写在脸上，或者逢人便夸、恨不得天下人人皆知，就不是什么好事情了。

对于管理者和被管理者而言，在资源占有上显然处于不对称状态，处于上位的管理者在资源的掌握上毫无疑问比他的下属具有更多的优势。因此，在力所能及的范围内，上级对下属的关照就是情理之中的事了。如果上级对下属的这种关照形成一种心照不宣的默契，大家心知肚明，上级对下属另眼相看，下属对上级感激有加，既有助于融洽上下级之间的关系，形成轻松、明快的工作氛围，又有助于调动下属的积极性，提高下属工作的效率。但可惜的是，许多管理者却喜欢将对下属的这种特殊关照时时刻刻表露在脸上，挂在嘴边，让人看得眼睛生厌，听得耳朵起茧，做了好事反而招致下属的嫉恨，实在不是明智之举。

所以，企业中越是地位显赫的管理者，内心越需要有清醒的认识，不断提醒自己保持平和的心态，如果权力的不对称引发过多的德色，就会惹出很多不必要的麻烦，或者可能危及自己的地位，或者可能导致优秀的下属弃你而去。可见，"正颜色"应成为企业领导者由内而外所表现出来的豁达胸怀，是企业领导者内在修养落实在脸部表情上所表现出来的宁静与安详。

出辞气

"出辞气"是一门艺术，是企业管理者提高管理效率的重要手段。在说话的时候，只有注重措辞和语气，讲究方式和技巧，才能取得良好的沟通和激励效果。

1. 言而有度

孔子认为："言未及之而言谓之躁，言及之而不言谓之隐，未见颜色而言谓之瞽。"（《论语·季氏》）也就是说，还没到说话的时候就先说，叫做急躁；到了该说话的时候却闭口不言，叫做隐藏；不看别人脸色就随便说话，那是瞎眼。一句话，管理者要做到言而有度。

"言未及之"的一层含义是，还没有轮到自己说话。比如，召开一个会议，发言有个先后顺序，虽然没有明确的规定，但谁先发言、谁后发言却有人人心知肚明的潜规则。此时，却偏偏有人不识时务，不合时宜地跳将出来，很容易被别人扣上爱出风头的帽子，实在不是聪明之举。"言未及之"的另一层含义是，有些时候根本没有开口说话的必要，说的效果还不如不说。比如，在思想分歧很大、众人认识还不到位的情况下，强行抛出某项大刀阔斧的改革计划，即便这一计划经过周密的设计，也无疑会成为众矢之的，以失败而告终。

"言及之而不言"的现象在企业中经常发生，原因可能各异。有些人因为事前缺乏认真的准备，害怕出丑，只好放弃发言，错过了一次表现自己的机会；有些人因为内心软弱，心里明明知道其他人所提出来的想法不对，却不敢公开表达自己的不同看法，无形中成了错误意见的帮凶；有些人则故作姿态，假意推让，结果被别人"假戏真做"，在关键时刻丧失了表达自己观点的时机。

"未见颜色"的现象也极为普遍。《三国演义》第七十二回中所讲的杨修之死的故事，教训就极为惨痛。曹操的行军主簿杨修本是聪明之人，一次，曹操视察一个新完工的花园，当时没做任何评价，只是在花园门上写了一个"活"字。别人不解其意，杨修道出原委："'门'内添'活'字，就是'阔'字，丞相嫌园门太宽了。"又有一次，有人从塞北给曹操送来一盒酥，曹操顺手在盒子上写了"一合酥"三个字，杨修见了，取了勺子让众人分食。曹操问他为什么这样做，杨修回答道："'合'即'人一口'，丞相让大家一人吃一口，我们岂敢违背丞相的命令？"曹操兴兵进攻刘备，久攻不下，夏侯惇向他请示夜间的口令,曹操随口说出了"鸡肋"两个字。杨修知道后,让随行的军士收拾行装,准备归程。夏侯惇不解,杨修说道:"鸡肋这个东西,食之无肉,弃之有味。现在进攻不能取胜,退却又怕别人笑话,待在这里已没什么好处,不如尽早班师回朝。"然而,聪明反被聪明误,由于杨修没有洞悉统治者的忌才之心,特别是不明智地卷入了曹操的两个儿子——曹丕和曹植的夺嫡之争中,结果被曹操以惑乱军心之罪处死。对于企业管理者而言,说话前需要注意察言观色,否则也可能沦为"睁眼瞎"。

2. 注重口德

所谓口德,就是通常所说的"打人不打脸,揭人不揭短"。正如俗话所说,"人活脸,树活皮",中国人讲究面子,甚至经常出现"死要面子活受罪"的现象。"打人脸"和"揭人短"都是最伤别人面子的事情,很容易伤和气,引起不必要的麻烦,甚至使同路人变成陌生人,使朋友变成仇敌。

在今天人们的眼中,曾国藩是一位不苟言笑的沉稳君子。但年轻时的曾国藩却是一个心直口快、爱出风头的人,他多言健谈,甚至常常与人争得面红耳赤,还有背后议论人短处的毛病,经常得罪人。有一次,曾国藩的父亲做寿,他的朋友小珊前来贺寿,席间两人观点不和,争论不休。他的父亲看在眼里,在客人都离开后,与曾国藩深谈了一番做人的道理。曾国藩意识到给人留面子的重要性,亲自去小珊家道歉，并在当天的日记里记下了自己的过错，提醒自己今后应引以为戒。此后，给人留面子成为曾国藩为人处世的基本准则。

在企业中，处于上位的人在话语权上显然占有绝对的优势。但可悲的是，许多人却不珍惜这种权力，致使话语权滥用。对于一些管理者而言，职位越高，脾气越长，对下属动不动就是一副教训的口吻，说话从不留余地，一向保持非常决绝的态度。问题是，虽然下属迫于"在人屋檐下，哪能不低头"的压力，对上级莫名的教训敢怒不敢言，但他们完全可以通过"出工不出力"等各种方式进行无声的抗议。因此，越是处于上位的人，越需要谨慎地运用自己所掌控的话语权，多一分体谅，少一分随意，多一分尊重，少一分埋怨，在企业中营造宽松的氛围，建立和谐的人际关系，许多难办的事情也就因此变得顺利。

3. 讷言敏行

管理者不仅要注意说话的言辞和态度，而且在说话前要对所说的内容进行认真的甄别，哪些话该讲，哪些话不该讲，做到孔子所主张的"讷于言而敏于行"（《论语·里仁》），即说话应该谨慎、迟钝，行动则应该非常敏捷。

古希腊有一句谚语："聪明的人，借助经验说话；而更聪明的人，根据经验不说话。"所谓言多必失，在竞争白热化、商业情报网无孔不入的市场环境中,孔子对君子的这一修身要求有助于使企业领导者在保守商业机密的同时,迅速抓住稍纵即逝的市场机会。面对某个突然出现的市场机遇,一些企业讨论得沸沸扬扬,结果可能是"起了个大早,赶了个晚集",而竞争对手则可能闻风而动,最终反而是后发而先至。

孔子认为,君子应"先行其言,而后从之"(《论语·为政》),亦即先实行自己想要说的话,再把这些话说出来。对于企业管理者而言,要想在员工面前起到良好的引导作用,行动的效用远远胜过语言。光说不练,光想不做,或者嘴巴上说一套,实际上做一套,必然形成"两张皮",使企业拥有两套完全不一样的价值体系,导致员工思想涣散,阻碍企业发展。

有鉴于此,"讷于言而敏于行"也隐含着承诺的兑现机制。据《韩非子·外储说左上》记载,曾子的妻子要去赶集,儿子哭闹着也要跟着她去。于是她便哄儿子道:"乖孩子,你回家去,等我回来给你杀猪做肉吃。"傍晚,妻子从集市上回来,孩子喊着要她杀猪。曾子的妻子不肯,孩子哇哇大哭。曾子闻声而来,知道原委之后,捉猪准备杀掉。妻子制止他说:"那只是哄骗小孩子的。"曾子很认真地回答她:"对小孩子是不能哄骗的。小孩子没有识别能力,跟随父母学习,听从父母的教诲。现在你欺骗了儿子,就是教儿子欺骗。母亲欺骗儿子,儿子就不再相信他的母亲,也就无法进行教育了。"于是,把猪杀掉烧肉给儿子吃。

在一些管理者看来,曾子的举动可能有些小题大做。但关键在于，在管理者一举一动的背后，可能正隐藏着员工无数双眼睛。尤其是处在矛盾焦点的关键时刻，管理者的任何举动都能引发巨大的示范效应。某些表面上看来是小题大做、事倍功半的事情，从长远的角度进行分析，往往能取得理想的管理效果。

当然，对于员工来说，并非管理者所说的每一句话都有良好的应验机制。为了培养员工对自己的信任感，聪明的管理者善于在那种容易考核的指标上确保自己言行一致，兑现自己的承诺。当年，罗伯特·麦克纳马拉（Robert S. McNamara）荣任美国国防部部长时，曾约法三章，一切会议都准时到场，并且说到做到。麦克纳马拉在小事上的可靠性有目共睹，有口皆碑，推而广之便提高了他在难以验证的承诺上的可信度。

第4章 / Chapter Four

阴阳谓道：系统思维

有无相生，难易相成，长短相形，高下相倾，音声相和，前后相随。

——《老子》第二章

反者道之动，弱者道之用。

——《老子》第四十章

《易经·系辞上传》中说："一阴一阳之谓道。"老子也认为："道生一，一生二，二生三，三生万物。万物负阴而抱阳，冲气以为和。"（《老子》第四十二章）大意是说，"道"产生一个统一体，这个统一体产生阴阳二气，阴阳二气产生相互交合的形态，这一形态的变化便产生万物。万物背靠阴而面向阳，阴阳二气相互冲撞，达到调和的状态。道家阴阳调和的思想不仅强调事物包括对立的两个方面，也强调这两个方面的相互转化和运动。这就告诉企业管理者既要关注系统思维，又要重视辩证法。

老子（生卒年不详）

本名李耳，又称老聃，道家学派创始人，曾担任东周时期的守藏官，在唐代被追封为"太上玄元皇帝"。孔子曾向其请教过周代的礼仪制度。著有《道德经》（又称《老子》）一书，该书共81章、5 000余字，与《易经》、《论语》合称为对中国人影响最深远的三部古代思想巨著。

阴阳相生

阴和阳存在于万事万物之中，对立统一于所有的物体、自然现象及社会现象之内。世界上千姿百态的万事万物正是阴阳相互作用的结果，事物只有同时具备阴阳两种特性，且互不偏废、相互制衡，才能做到长盛不衰。这就要求企业管理者必须确立系统思维，确立全局观念，关注整体最优，避免掉进合成谬误（fallacy of composition）的陷阱。

"阳"和"阴"是《易经》最基本的语言，阴爻和阳爻是构成八卦最基本的元素。在《易经》中，所有的事物都赋予了阴阳的含义：

天为阳，地为阴；日为阳，月为阴；暑为阳，寒为阴；昼为阳，夜为阴；雄为阳，雌为阴；强为阳，弱为阴。阴阳既相互对立，又相互统一。从对立的那面看，没有天高，就显不出地卑；没有强大，就衬托不出弱小。这就是老子所讲的"有无相生，难易相成，长短相形，高下相倾，音声相和，前后相随。"（《老子》第二章）意思是说，有和无是相互依存的，难和易是相互促成的，长和短是互为比较的，高和下是相互对照的，音与声是相互陪衬的，前和后是相伴而存在的。从统一的那面看，在昼夜温差大的地方，种植出来的稻米才味道可口；而在一个家庭中，严父慈母的配合所培养出来的孩子往往才有出息。

在事物内部，也存在阴阳的对立统一，这两个方面相互依存、相互作用，每一个方面都以另一个方面作为自己存在的前提。如电有正负极，磁场有南北极，建筑物存在阳面和阴面等。对于任何事物而言，矛盾的双方表现出你中有我、我中有你的特点。

企业管理需要把握阴阳一体的道理。企业竞争力的提升过程，就是与竞争对手阴阳作用力改变的过程。竞争对手的优势正好是企业可以学习之处，而竞争对手的弱点则值得企业引以为戒，也给予了企业可乘之机。在企业内部，如果说制度管理是阳，那么情感管理就是阴；如果说强化领导权威是阳，那么注重给予员工足够的尊重就是阴；如果说加强员工考核是阳，那么提倡自主管理就是阴。企业管理系统应该是一个阴阳相辅相成的对立统一体。

在经济学中，有一个重要的概念，叫做合成谬误，即对于个体而言是正确的事情，对于总体而言未必是正确的。也就是说，作为自利的"经济人"，每个人都追求自身利益最大化的结果，反而可能使所有的人，当然也包括当事人本身的利益受损。在日常生活中，合成谬误的现象比比皆是。比如，在观看演出的过程中，前排的人为了看得更清楚一点而站起来，后排的人也不得不站起来，当所有的人都站起来之后，大家并没有因此看得更清楚，相反，每个人的福利水平还会大为下降，本来可以舒舒服服地坐着欣赏表演，现在却站得腰酸背痛。

在企业中，当不同的战略业务单位或职能部门日益成为相对独立的利益主体时，很容易陷入合成谬误的怪圈，危害非常大。经常会出现这样的情况，企业中每位员工的工作不可谓不努力，每个战略业务单位或职能部门也运转得井井有条，但最终企业的绩效却不尽如人意。极端的情形是，个体越努力，整体绩效越糟糕。

企业中合成谬误的出现，可能源于总体战略与战略业务单位战略之间相互脱节，以及不同战略业务单位之间缺乏有效的配合，甚至出现作用相互抵消的情形。为了防止这样的现象发生，企业总部应严格要求各战略业务单位按照总体战略的部署，制定自身的战略规划，并报总部批准，同时，总部应加强对战略业务单位战略实施的检查力度。在对各战略业务单位的价值链活动进行系统分析的基础上，总部有必要把不同战略业务单位一些共性的活动集中起来，由总部统一承担相应的职责，以发挥规模经济的优势；找出不同战略业务单位之间可能的业务衔接点，对业务流量较大的衔接环节，总部制定统一的业务流程及管理办法，以使不同战略业务单位之间的分工、协作制度化、规范化。

企业中合成谬误的出现，也可能源于职能部门之间的割据。由于各职能部门具有不同的任务目标和考核标准，各部门本位主义现象较为严重。比如，生产部门为追求单位产品生产的低成本，倾向于扩大生产规模，但生产规模的扩大却造成产成品的大量积压，给物流部门造成巨大的仓储压力；物流部门为降低运输费用，对不同区域市场的供货必须凑足整车才发运，打乱了营销部门的促销计划；营销部门为了提高销售业绩而采取各种促销手段，结果是产品在一年内的某一时期销售数量迅速增长，造成这一时期生产部门超负荷运转，但由于市场总容量的限制，其他时期销售数量又大为减少，造成生产部门能力利用不足。

阴阳平衡

从中医理论的角度看，人的机体之所以会生病，原因在于：受各种致病因素的影响，机体的阴阳两个方面失去了调和与平衡。可能出现阴阳偏盛的情况，造成"阳胜则热，阴胜则寒"（《黄帝内经·素问·阴阳应象大论》）的问题；也可能出现阴阳偏虚的情况，造成"阳虚则外寒，阴虚则内热"（《黄帝内经·素问·调经论》）的问题；还可能出现阴阳互损的情形，在阴或阳任何一方虚损的情况下，病变发展影响相对的另一方，致使阴阳两虚。

在这方面，企业的机体与人的机体有许多共通之处，也需要讲究阴阳平衡。柯林斯（Collins）和波拉斯（Porras）在其著作《基业长青》中指出，那些高瞻远瞩的公司根据兼容并蓄的精神，不断地寻求阴阳之间的平衡（见图4—1）。所谓"阴"，指的是保存核心，包括坚持核心理念不动摇，培养像宗教一样的企业文化，长期坚持经理人的内部培养和提拔。所谓"阳"，指的是刺激进步，包括不断树立更为"胆大包天"的目标；多方尝试，保存有用的部分；永远不够好，探讨持续不断、一心一意追求自我改进的程序。保存核心为高瞻远瞩的公司提供刺激进步的基础，在明确什么是核心之后，有助于它在不属于核心的所有事情上追求创新和进步；而刺激进步则为高瞻远瞩的公司保存核心提供了强大的驱动力，否则，在迅速变化的世界中，公司所坚持的核心就会落伍，不再强大，甚至影响到公司的生存。

图4—1 高瞻远瞩公司的阴阳平衡

《基业长青》的上述观点与普华永道变革整合小组在《管理悖论》一书中所得出的结论极其一致。在对200多位来自制造业和服务业的大型公司经理进行深入访谈的基础上,普华永道的管理咨询顾问得出一个基本结论:积极的变革需要稳定的基础。在这里,稳定是"阴",而变革是"阳",同样强调阴阳平衡。所谓变革,本质上是对现有稳定的打破,但其成功却必须依赖稳定。如果领导者在企业中脚跟还没有站稳,威信还没有确立,就贸然推行变革,结果可能不仅是变革被迫中止,而且领导者也会因此下台;如果员工队伍人心涣散,大家对企业可能面临的困境没有产生足够的危机意识,仓促上马的变革也会以失败而告终;如果企业内部各个部门之间边界模糊,管理者和员工对自己的责、权、利都不清楚,匆忙推进的变革也不可能产生预期的效果。

  在管理过程中,经常会出现诸如此类的"悖论":企业领导者需要有远见卓识,但千万不能去碰完全陌生的东西;要加强对企业的掌控,但又需要下放权力,不能什么事情都自己动手;要坚持原则,但又不能呆板、刻薄。这些"悖论"表面上看起来是不可思议的,但只要静下心来仔细想一想,就会发现其中蕴涵着深刻的哲学思想。对"悖论"的成功管理成为卓越企业与平庸企业的"分水岭",高效的管理需要放弃非此即彼的绝对逻辑。只有阴阳平衡,企业才能"健康",保持蒸蒸日上、欣欣向荣的发展态势;如果阴阳失衡,企业就会"生病",要么鲁莽冒进,要么保守不前,无法保持可持续发展的趋势。

反者道之动

道家的阴阳思想对于企业管理者的启示在于，不仅要从系统思维的角度去考虑管理问题，也必须用辩证法的眼光从发展、变化的角度看待管理现象，否则，所做出的管理决策以及所实施的管理行为就很容易出错。

"反者道之动"（《老子》第四十章）是老子所阐释的"道"的运行规律，即"道"的运行是朝相反的方向发展的。老子深刻地认识到，任何事物发展到一定的极限之后，就会走向它的反面，所以，应善用"反"这一规律。对于企业管理者而言，老子所提出的"反者道之动"的思想具有很大的适用空间，既可以用于加强自我修养，也可以用于完善顾客服务，还可以用于改善竞争地位。

1. 大巧若拙

但凡能将企业做起来，尤其是能将企业做大、做强的企业领导者，绝对称得上是聪明人。但当企业发展到一定阶段后，这些聪明的企业领导者却往往会在管理过程中遇到这样那样的麻烦。由于他们思维敏捷，精明过人，因此，在处理与员工的关系方面，总是工于心计，锱铢必较，久而久之，必然在企业内部形成不良的文化，促使员工将大量的精力放在与管理层的博弈上,而不是放在更好地完成本职工作上,企业产生大量的内耗。

对于这样的企业领导者,老子给出了很多忠告,包括"大巧若拙"(《老子》第四十五章)、"大辩若讷"(《老子》第四十五章)、"大音希声"(《老子》第四十一章)、"进道若退"(《老子》第四十一章)等。

"大巧若拙"指的是最精巧的东西往往显现出非常笨拙的样子。就像毕加索(Pablo Picasso)等顶级艺术大师的作品一样,"大巧若拙"具有回归自然的本性。最能鼓舞士气的领导者能够在员工面前表现出自己的真性情,与广大员工打成一片。对于管理层而言,以自己真实的一面示人,虽然他们的行为举止可能不那么优雅,却最能打动员工的心。尤其是当企业面临严重危机的时候,发自肺腑之言是号召员工与企业共渡难关的最好动员令。

"大辩若讷"指的是最能言善辩的人往往显得口齿木讷。领导者在与员工交往的过程中,很多时候不需要华丽的辞藻,关键是他们所说的内容是不是员工所关注的问题,能不能引起员工的共鸣。否则,语言再优美,修辞再讲究,也起不了多大的作用。有鉴于此,企业领导者需要注意的是,深入地了解员工真实的诉求,努力创造适应与员工沟通的语境。

"大音希声"指的是当声音太大时,可能往往什么也听不见。现代科学表明,当物体振动时,就会发出声音。科学家将每秒钟振动的次数称为声音的频率,其单位是赫兹。人类的耳朵所能听到的声波频率介于 20 赫兹到 2 万赫兹之间。当声波频率大于 2 万赫兹时，人类的耳朵就听不见了，这便是超声波。在企业管理中，员工如果不小心犯下错误，企业领导者"不管三七二十一"，就是一顿暴风骤雨式的训斥，效果反而可能是"大音希声"。此时，企业领导者莫不如详细地了解清楚整件事情的来龙去脉，再对员工晓之以理，动之以情，甚至根本不需要直接批评，而是让员工自我反省，反而能达到"此时无声胜有声"（白居易：《琵琶行》）的效果。

"进道若退"指的是前进的道路却显现出像往后退一样。正所谓"人敬我一尺，我敬人一丈"，企业领导者与员工之间是长期合作的关系，因此，需要创造相互尊重的氛围。当双方出现矛盾时，由处于上位的企业领导人先做出让步，有助于促成这种和谐氛围的形成。企业领导人主动地退让，给员工更多的尊重感，将来再遇到问题的时候，员工能够有更多的理解，也做出相应的让步，为企业今后各项工作的迅速推进创造了有利的条件。

可见，真正聪明的企业领导人，需要具备大智若愚的素养，拥有"宰相肚里能撑船"的心胸。这不仅能够在企业内部创造团结、协作的良好气氛，也能够在企业面临重大的转型或创新时，多一份坚持，少一份退缩。毕竟，"聪明"的人通常面临更多的选择权，但在很多情况下，恰恰是过多的选择权让人一无所获；而"愚钝"的人则容易摒弃诱惑，始终按照自己所认定的目标不懈地奋斗，成功也就指日可待。

2. 物极必反

自然界中存在许多物极必反的现象，比如，日升日落，月圆月缺，潮起潮落，春夏秋冬自然更替，黑夜到了尽头又是白天。这种物极必反的过程循环往复，周而复始。在竞争中，企业也需要把握这种物极必反的规律。

对于实力相对弱小的企业，或者某一市场的后动者而言，远离市场主流企业通行的做法，反其道而行之，不失为竞争的有效手段。比如，在美国冰箱市场上，主流的产品是大容量冰箱，主要用于满足各个家庭厨房储存食品的需要。作为后来者，海尔在刚进入美国市场的时候首先推出的是小容量冰箱，适合在大学宿舍以及少年儿童的房间中摆放，深受美国大学生和少年儿童的欢迎。因为定位准确，海尔冰箱得以顺利跻身竞争激烈的美国冰箱市场。

对于弱者而言，需要抓住强大的竞争对手"物壮则老"（《老子》第三十章）的机会，不失时机地发展自己。这些企业的领导者必须有足够的信心，有接受艰苦挑战的勇气，内心坚信：只要自己努力，由弱转强是一个必然的过程。台塑集团的创始人王永庆所讲的创业之道很值得后动者借鉴：如果想开设新的冰淇淋店，最佳的开店时机应该选择在冬季，而不是选择在夏季，这是因为冬天天气很冷，吃冰淇淋的人本来就少，要想赚钱自然困难。这样，开冰淇淋店的人必须谨小慎微，尽量做得可口，才能吸引人们冒着严寒前来品尝；

等到夏天来临时，这家冰淇淋店早已名声很大，自然会顾客盈门，财源滚滚了。

对于行业中的强势企业而言，则应该记住老子"金玉满堂，莫之能守；富贵而骄，自遗其咎"（《老子》第九章）的忠告，把握环境发展变化的规律，适时地推动变革，促成企业的"蜕变"，打破企业发展的桎梏，使企业获得新的发展机遇。这些企业的领导者需要防备来自后动者各种变相的进攻方式，千万不能倒在后动者"将欲歙之，必固张之；将欲弱之，必固强之；将欲废之，必固兴之"（《老子》第三十六章）的"糖衣炮弹"式的攻势之下。

弱者道之用

老子还领悟到了"道"发挥作用的形式——"弱者道之用"（《老子》第四十章），即规律的作用是保持一种柔弱的状态。老子还说，"守柔曰强"（《老子》第五十二章），认为能够持守柔弱的状态才能真正叫做强。在竞争的过程中，企业应该仔细揣摩老子"守柔"的思想，以便吸引更多的顾客，有效地降低竞争对手进攻的危险。

1. 柔弱胜刚强

老子从世间万物强弱的转化中，看到了柔弱表象之后潜藏的是旺盛的生命力。他以形象的例子，生动地说明了"柔弱胜刚强"（《老子》第三十六章）的道理。他说："人之生也柔弱，其死也坚强。万物草木之生也柔脆，其死也枯槁。故坚强者死之徒，柔弱者生之徒。"（《老子》第七十六章）大意是说，人活着的时候，身体是柔软的，而死了以后，身体就变得僵硬了；万物草木生长的时候，是柔软脆弱的，而死了以后，就变得干硬枯槁了。所以，坚强的东西属于死亡的那一类，柔弱的东西则属于生命的那一类。

老子还用水来做比喻，指出："天下莫柔弱于水，而攻坚强者莫之能胜。"（《老子》第七十八章）水之性至柔，天下没有什么东西能比水更柔的，但水却是无坚不摧的。滔滔的洪水能冲垮坚固的堤坝，能卷走一切东西，蕴涵着巨大的能量；即便是很小的水滴，只要日积月累，也能产生"滴水穿石"的奇效。

"柔弱"之所以胜"刚强"，原因主要有以下几个方面：其一，柔弱的东西处于事物的发展、壮大阶段，代表着生命力。对于企业而言，如果它处于发展、上升的阶段，即便实力暂时还很弱小，也必须满怀信心。其二，柔弱的东西具有很强的适应力，正如俗话所说的那样，"墙头一棵草，风吹两边倒"，这种顺应环境的超强能力，使柔弱的小草能够经受住狂风暴雨的洗礼。对于企业而言，在不断变化的环境之中，需要强化自己的柔性，尤其是组织结构方面的柔性。其三，柔弱的东西看起来与世无争，容易跟别人亲近，而不会引起别人的嫉恨。对于企业而言，"守柔"既有助于改进顾客服务，也可以用于妥善地处理好与竞争对手的关系。

2. 润物细无声

《伊索寓言》中记载有一个"北风和太阳"的寓言。北风和太阳为谁的能量更大而争论不停，它们决定，谁能将行人的衣服脱下来，谁就获得了胜利。于是，北风呼呼地刮着，但却没能将行人的衣服刮下来，而且随着风势的增强、温度的下降，行人将衣服越裹越紧，最后还添加了新的衣服。北风终于刮疲倦了，便让位给太阳。太阳将阳光暖暖地洒向行人，随着温度不断升高，行人一件一件地将衣服脱下来，最后甚至跳到河里去洗澡。"柔弱"的阳光战胜了"刚强"的北风。

这个寓言故事给企业的市场营销人员上了很有教育意义的一课。相关研究表明，顾客之所以购买企业的产品，对企业的品牌具有感情，源于顾客对企业及其产品的满意程度。而让顾客满意的前提条件是，企业需要给予顾客持续不断、细致入微的关心。而市场营销的过程就是让顾客亲身体验这种关心的过程，顾客所获得的切身感受，直接影响着他们的满意度。当顾客的满意度积累到一定程度后，就会形成对企业及其产品的忠诚度。忠诚度对企业确保竞争优势至关重要，须知，开发一个新顾客的成本往往是维持一个老顾客的成本的5～8倍。而"柔"是做好顾客服务的基本要求，高效的顾客服务应该具有"润物细无声"（杜甫：《春夜喜雨》）的效果。

美国摩根财团的创始人约翰·P·摩根（John P. Morgan）最初从欧洲漂泊来到美国，生活非常艰苦，与妻子开了一家很小的杂货店谋生。身材高大的摩根很惊讶地发现：自己卖鸡蛋远不及身材瘦小的妻子。原来，当他宽大的手掌托着鸡蛋时，在人们的视线中，鸡蛋被衬托得变小了；而鸡蛋在他妻子纤细的小手中，则显得大得多。于是，摩根决定将鸡蛋放在一个浅而小的托盘中去卖，如此一来，人们会觉得鸡蛋的个头很大，因此，销售情况非常好。

事实上，不管企业规模有多大，企业生存和发展的关键之一始终是与顾客直接打交道的一线员工的服务水平。这是欧美一些航空公司的高管为什么每年总要抽出几天的时间，登上飞机，亲自为乘客开展服务的原因。通过这种特殊的体验，他们可以深刻地感受到乘客对机上服务的详细要求，从而更好地制定整个公司的服务改进计划。

当然，在顾客服务的过程中，"柔"与"强"是不可分的。"柔"是顾客服务的本质，而"强"是顾客服务的基础。企业只有配备充足的资源，具有坚实的实力，才能够为顾客服务提供良好的软硬件支撑，否则，再讲究微笑待客、亲情服务，但如果企业所提供的产品质量不到位、所设立的售后服务网点不配套、所具备的维护保养能力不过关，一切也是枉然。

3. 知雄守雌

老子崇尚"知其雄，守其雌，为天下溪"（《老子》第二十八章）的境界，揭示了"柔弱胜刚强"在企业竞争中的具体运用方式。正如俗话所讲的那样，"水往低处流"，"溪"自然是流往地势最低的地方，"为天下溪"的意思是甘愿处于天下人之下。企业在表面上应该"守雌"，甘愿处于雌爱、柔顺的状态，但骨子里却不能懈怠，必须"知雄"，要有干出一番大事业的雄心壮志。

企业之所以在竞争中应该处于"守雌"的状态，是因为："兵强则灭，木强则折。强大处下，柔弱处上。"（《老子》第七十六章）老子郑重地告诫世人，用兵太过逞强，就会遭遇灭亡；树木长得太高大，就会遭遇砍伐摧折；可见，强大的东西总是处于下位，柔弱的东西反而居于上位。

《庄子》里讲了两个小故事，很值得细细品味。有一天，庄子行走在大山中，看见一棵枝叶盛茂的大树，伐木人停留在这棵大树旁边，却不去动手砍伐它。庄子忙问到底是什么原因，伐木人给出的回答是："这棵树根本没有什么用处。"庄子于是感慨道："这棵树正是因为材质不行，而得以尽享天年啊！"庄子走出山来，留宿在当地朋友家。朋友非常高兴，命童仆宰鹅来款待他。童仆问主人："一只鹅能叫，另一只鹅不能叫，请问杀哪一只呢？"主人很干脆地回答说："杀那只不能叫的。"

庄子（公元前369年—公元前286年，一说公元前275年）

名周，字子休，道家学派的重要代表人物之一，生平只做过宋国地方漆园吏，但与老子齐名，合称为"老庄"。所著的《庄子》一书语言优美，想象力丰富，崇尚"天人合一"、"清静无为"的思想。

可能许多人会像庄子的弟子一样，思考着这样的问题：在山中遇见的大树因为不成材而得以尽享天年，但主人家的鹅却因为不成材而被杀掉。同样是不成材，为什么命运会产生如此大的反差？其实，道理非常简单，山木乃伐木人的身外之物，对自己不能产生任何用途，也不会对自己构成任何威胁，自然对它置之不理；而鹅乃主人的自有之物，如果不能发挥更大的作用，很快就会被处置掉，只能当作盘中之餐了。

从庄子的故事再来反思"守雌"与"知雄"的关系。如果一个企业风头太劲，显现出咄咄逼人的态势，必然引起同行业其他企业，甚至替代品的生产企业高度的警惕，很容易成为众多企业关注的焦点，成为大家有意、无意的攻击对象。所以，企业应该坚持"守雌"的行为准则，尤其是当它还没有成大气候的时候，更应该如此。就像庄子笔下的那棵大树一样，尽管树身很大，但却能与其他事物和谐共生。"守雌"是企业有效的自我保全之道，是企业在竞争中明智的外在表现形态，但企业管理层的思维却绝对不能停留在"守雌"的状态，否则，企业必然失去发展的内在动力，"知雄"必须成为企业管理层的主体意识。不仅如此，管理层还需要在企业内部强化"知雄"的意识，让各个层级的管理者以及所有的员工都清楚：只有努力成为"会叫的鹅"，在企业里才会有更大的发展空间，否则只能面临被淘汰的命运。"守雌"是竞争中所采用的手段，"知雄"是竞争所追求的最终目标，二者必须紧密地结合在一起。

在蒙牛的成长历程中，"知雄守雌"战略可谓功不可没。1999年，蒙牛成立，力量非常弱小，投入资金只有1 000多万元，在我国乳业中微不足道。为了迎头赶上，2000年，蒙牛提出了"创内蒙古乳业第二品牌"的发展口号。几乎在一夜之间，呼和浩特市道路两旁就冒出大量的路牌广告，上面写着："蒙牛乳业，创内蒙古乳业第二品牌"。这一特殊的战略定位，一方面使蒙牛可以避免与行业领导者——伊利的正面交锋，另一方面又使蒙牛在众多的中小乳业企业之中迅速脱颖而出。

中庸之道

道家阴阳调和的思想与儒家的中庸之道有着极其相通之处，都强调度的拿捏、分寸感的把握。宋代大儒程颐对什么是中庸，解释得非常清楚："不偏之谓中，不易之谓庸；中者天下之正道，庸者天下之定理。"（《中庸章句》）可见，"中"是一个空间概念，不偏不倚就叫做"中"，"中"即天下之正道；"庸"是一个时间概念，不改变常道就叫做"庸"，"庸"即天下不变的法则。程颐对中庸之道给予了很高的评价，认为这是孔子传授的心法。在企业管理中，也需要合理地把握度。从空间的维度而言，有些底线是坚决不能逾越的，否则就会动摇企业生存和发展的根本。比如，大幅压缩成本是实施成本领先战略的基础，但如果成本的下降触及了质量的底线，那就会出大乱子。从时间的维度而言，有些原则是必须始终如一地坚守的，如果连最基本的价值观都可以放弃，企业也就自断了发展根基。

《中庸》

儒家"四书"之一，为孔子的孙子——孔伋（字子思，公元前483年—公元前402年）所著，原为《礼记》中的一篇，宋代学者将其从《礼记》中抽离出来独立成书，强调为人处世要奉行中庸之道，做到不偏不倚、不走极端。

1. 过犹不及

有一次，子贡问自己的老师："子张和子夏这两个人谁更贤惠一些呢？"孔子回答道："子张太过了一点，而子夏又显得不足。"子贡接着问老师:"那么,子张更好一些吗?"孔子的回答是"过犹不及"(《论语·先进》),即过分和不足是一样的。"过犹不及"是儒家奉行中庸之道的具体要求。

正如孔子所说:"君子惠而不费,劳而不怨,欲而不贪,泰而不骄,威而不猛。"(《论语·尧曰》)君子需要谨守中庸之道,做任何事情都需要很好地把握分寸,既要让老百姓得到实惠,又不要过分耗费自己的资财;既要让老百姓辛勤地劳作,又不要让他们产生怨恨的情绪;既要有追求,又不能太过贪婪;既要保持庄重,又不要给人以傲慢的感觉;既要保持威严,又不要让别人觉得自己过于凶猛。管理者不能走极端,有效的管理就在于恰到好处地处于一个合理的区间之内,不能无限制地扩张,也不能无限制地收缩,这是一个优秀的管理者不断修炼、长期磨合的结果。

"过"与"不及"是企业管理者常犯的错误。有些人风险意识淡漠,极其冒进,孤注一掷,这是"过"的表现;有些人则瞻前顾后,畏首畏尾,裹足不前,这是"不及"的表现。如果说"不及"很容易让人看出偏离了正确的轨道,"过"则在很多的时候披上了改革非常彻底、创新极为到位等迷人的"外衣",堂而皇之地登堂入室,等醒悟过来,已经对企业造成巨大的危害,悔之晚矣。

连续两年获得中央电视台黄金时段广告"标王"的秦池,其竞争战略就属于"过"的范畴。秦池所选择的突破口是大规模做广告,因此,不惜重金争夺中央电视台的广告标王,广告预算一度超过其收入预算的20%。在中央电视台的频繁亮相,让秦池低度白酒迅速由一个名不见经传的地方性品牌,摇身一变成为一个全国性的知名品牌,销售收入也迅速增长。然而在价值链的其他环节没有得到相应改进的情况下,仅仅依靠广告的单方面突进,向竞争对手发起进攻,导致秦池承受风险的能力非常脆弱。当有记者通过明察暗访的方式了解到,"标王"秦池大量地从四川等地买进散酒,运到山东之后进行勾兑,再贴上秦池的标签销售这些实际情况,并在媒体上对其曝光之后,秦池的销售收入迅速萎缩。一代"标王"秦池就此逐渐走向陨落。

对于企业管理层来说,"出奇"固然风光,但能不能"制胜",取决于"出奇"是否具备牢固的基础。企业的价值链就好比人的手掌,毫无疑问,五个手指有长有短,且各有分工,但中指再长,也不能超出其他手指太多,否则,不仅不同手指之间难以有效地配合,而且还容易折断;同样道理,企业在价值链的某个方面出奇招,如果价值链的其他方面予以充分的支持,自然能够取得很好的进攻效果,但如果价值链的其他环节过于脆弱,某一价值链环节冒进的结果最终必然伤及整个企业。可惜的是,许多企业的领导人"不撞南墙"压根看不到这一结果,而此时,企业的危局已经是"覆水难收"了。

2. 矫枉过正

诚如杰克·韦尔奇所说的那样,有能力、有业绩、有影响力,但是对企业不认同的人,对企业伤害最大。那么,对于偏离中庸之道的经营管理行为，管理层该做出怎样的反应呢？

在波音公司的发展历程中，747飞机的推出是其重要的战略举措，是向竞争对手发起进攻的拳头产品。在开发747飞机的过程中，波音公司曾经面临非常大的困难。因此，在召开董事会的时候，就有董事提出，如果研制747飞机遇到这么大的困难，波音公司应该退出对这一项目的支持。时任波音公司董事会主席的威廉·艾伦（William Allen）很严厉地反驳道："退出？如果波音公司说过我们将制造出这架飞机，即使我们花费整个公司的资源也会把它制造出来！"而正是这种坚决支持的态度，使得波音公司开发出了747这一极具竞争力的主打机型。

威廉·艾伦之所以持如此坚决的态度，绝对不是草率和蛮干的表现，只不过"矫枉"必须"过正"，面对一种严重偏离中道的偏激观点，只能用相反的极端观点来反驳，才能使错误的观点真正扭转过来。只有这样，才得以使波音公司既定的产品创新方向坚持下来，并终成正果。可见，威廉姆·艾伦的反驳体现出领导艺术中恰如其分的分寸感。

在历史积弊严重的企业中，"矫枉"必须"过正"，唯其如此，改革者才能有效地打破传统的惯性思维。否则，改革的声音很容易被保守派讨伐的声音掩盖。在许多情况下，经营管理企业不能轻易妥协。

第 5 章 / Chapter Five

博学慎思：修身之道

不力行，但学文，长浮华，成何人？但力行，不学文，任己见，昧理真。

——《弟子规》

益者三友，损者三友。友直，友谅，友多闻，益矣。友便辟，友善柔，友便佞，损矣。

——《论语·季氏》

提升自我修养，不仅要关注修养的内容，也需要注重修养的方法。儒家讲究"博学之，审问之，慎思之，明辨之，笃行之"（《中庸》第二十章），认为从学到行是一个循序渐进的过程，在对知识进行广泛涉猎的基础上，对有所不明的知识需要追问到底，对所学的知识需要进行认真的思考，辨明真伪与良莠，通过努力践行所学的知识，做到知行合一。可见，企业管理者应做到博学慎思，充分处理好"力行"与"学文"、"学"与"思"的关系，善于"与朋友交"，并建立行之有效的自我闭环管理系统。

力行学文

《弟子规》

国学思想的入门级经典,清代及民国对年轻子弟实施圣贤教育的基础读物,其诵读之广仅次于《三字经》。原名为《训蒙文》,原作者为清代康熙朝秀才李毓秀(公元 1647 年—公元 1729 年),以《论语·学而》的"弟子入则孝,出则悌,谨而信,泛爱众,而亲仁,行有余力,则以学文"为核心思想,详细记载了年轻子弟在家、出外、待人、接物、学习等五个方面应恪守的行为规范,后经清代贾存仁(公元 1724 年—公元 1784 年)修订,正式更名为《弟子规》。

《弟子规》明确提出了个人提高自身修养的具体路径:"不力行,但学文,长浮华,成何人?但力行,不学文,任己见,昧理真。"大意是说,不亲身参与实践,只知道读书,就会增长浮华而不切实际的习气,怎能成为一个真正有用的人呢?相反,如果只知道身体力行,却不知道读书钻研,就容易执着于自己既定的看法,而背离真理。"学文"与"力行"是企业管理者得以成长的两条相辅相成的路径,管理者既需要"行万里路"的"干中学",也需要"读万卷书"

的"学中学"。所谓"干中学",强调一个人在实践的过程中,不断地吸收、消化知识,掌握一手资料,积累具有推广价值的经验以及具有切肤之痛的教训。而"学中学"则是通过书本、课堂等途径,从别人的二手经验中汲取对自己有用的营养,从而减少学习的成本,提高学习的效率。

1. 干中学

北宋时期著名禅师法演讲过一个颇具哲理的故事:爷俩都是贼,儿子向老子讨教看家的本领,老贼答应了。一天晚上,老贼将小贼带到一个富人家,在墙上挖了个洞,钻进屋内,用百宝囊中的钥匙打开大柜之门,待儿子进去之后,却将柜门锁上。老贼在大喊"有贼"之后,自己溜之大吉。富人一家夜半被吵醒,搜查了一番,见一切正常,又各自回屋睡去。被困在柜中的小贼冥思苦想,心生一计,学老鼠咬东西的声音。富人的太太听到后,叫丫环掌灯前来查看。结果,柜门一开,小贼一跃而出,将丫环推倒在地,打灭灯烛,撒腿就逃,被人追到河边。小贼急中生智,往河里抛了一块大石头,自己趁乱逃回家里。小贼见老贼正在喝酒,就埋怨老贼不该将自己锁在柜子里。老贼问他是如何逃走的,听他说完,非常高兴,说道:"你以后不愁没有饭吃了!"

在这里,复述法演禅师所讲的故事,绝对不是教人为贼,而是想说明,敢于实践,敢于担当,通过系统地解决问题,迅速提升自己的实践能力,是每一个人卓有成效的成长之道。无怪乎彼得·德鲁克在《21世纪的管理挑战》中强调:"对经理人来说,到头来只有一个方法去取得资讯,那就是:御驾亲征。"

毫无疑问,"干中学"是企业管理者成长的有效途径,这就好比只有在游泳中才能学会游泳。理论模型掌握得再好,并不能保证从事管理工作就能一帆风顺。管理的本质是实践,管理的精髓就在于相机制宜的分寸感和运用自如的手艺感。一个刚刚走出大学校门的管理专业的研究生,博士学位论文做得可能非常漂亮,进入实际的管理领域之后,表现出一副踌躇满志的样子,但很快就会碰得鼻青脸肿,从中足以深刻地体会到"纸上谈兵"的危害。"干中学"是企业家成功的基础和保障。就像张瑞敏所主张的,"我愿意称自己为中医","中医就是望闻问切,有时候不一定有非常准确的量化,比如血压到底是120还是80?真正的中医可能说不出具体事项,但往往能通过看看舌头、摸摸脉呀,知道病因是什么。对于企业来说,不可能都用量化来定。"企业家必须亲临现场去管理,才能有鲜活的感觉,发现实际管理过程中存在的各种问题。

俗话说:"吃一堑,长一智。""干中学"首先要求管理者从自己过去的经验和教训中学习,甚至不断通过"试错"来学习。为了降低"干中学"的代价,"摸着石头过河",开展小规模的试验是可行的方法。当然,对于过去的经验和教训,需要区分清楚什么是"有价值的失败",什么是"无意义的成功"。在有些情况下,今天的失败恰恰构成明天成功的基础,这种失败就是"有价值的失败",新产品开发失利的许多情况就属于这种情形；而"瞎猫碰到死耗子"式的成功则属于"无意义的成功"，正是这种偶然的成功让许多管理者误入歧途。

除了自我摸索，"干中学"还包括向同事学习、向同行学习、向顾客学习。企业内的知识扩散对于将企业打造成学习型组织非常关键，但令人惋惜的是，在不少企业中，信息被分散存储在不同的部门、不同的员工那里，需要信息的人因为不了解信息是否存在以及信息具体的存储位置，而得不到相应的信息；而拥有信息的人则无法使用这些信息，造成大量信息的闲置。标杆管理的思想关注的是向同行业中最优秀的竞争对手学习，寻找企业与竞争对手之间的差距，不断缩小这些差距，直至赶上乃至超过竞争对手。而顾客的投诉和抱怨正是企业改进和提高的机会。可惜的是，许多企业喜欢听顾客的赞誉之词，却往往不愿倾听顾客的意见和建议，无形中错过了许多发展和挖潜的机会。

2. 学中学

然而，在一些企业中，却过分强调"干中学"的价值，忽视"学中学"，这不免走向了另一个极端。管理者如果只知道身体力行，不从"本本"上"务虚"一下，很容易迷失方向。但可悲的是，只知道冲锋陷阵的企业管理者并不在少数。

因此，尽管"学中学"与现实有一定的距离，对那些来自"本本"的知识不能直接实施"拿来主义",但不断通过"学中学"实现自我提升却并不可少。宋代诗人陆游在励志对联中写道:"书到用时方恨少",有人将书读死了,那是纸上谈兵;有人将书读活了,那是活学活用。"学中学"的价值主要体现在以下一些方面。

"学中学"有助于应对知识折旧加速的趋势。在西方白领阶层中,流行着一条知识折旧定律:"如果一年不学习,你所拥有的全部知识就会折旧为80%。"基于此,联合国教科文组织专家保罗·朗格(Paul Lengrand)提出了终身教育的概念,强调教育不能只限于人生某一时期,一个人必须终身接受教育。

"学中学"有助于构建企业管理者系统的管理框架。一些EMBA学员在系统地学习之后,突然会觉得自己以前的发家致富之路走得颇为侥幸,充斥着风险,原因就在于他们原先缺乏系统的管理框架。许多从事企业管理工作的人并非科班学管理出身,从独善其身到团队合作、从工程技术领域的最优解到企业管理领域的满意解的转变,自发的领悟固然重要,而自觉的追求则更有价值。重新回归课堂,构建系统的管理框架,有助于管理者实现从自发到自觉的飞跃。

"学中学"还有助于打破企业管理者的惯性思维。缺乏理论的系统提升与视野的全方位开拓,"干中学"所形成的知识很容易被限定在某一类管理活动上或有限的关联管理活动中,导致看问题的视角狭窄,容易形成定式思维,无法适应迅速变化的客观环境。不少曾经红火一时的企业如今已经销声匿迹,可能就源于此。

MBA,EMBA及EDP教育的兴起,反映了企业对"学中学"

价值的迅速认同。以前，人们的求学期与工作期可以分为截然不同的两个阶段，求学期就好比"干电池制造期"，而工作期则是"干电池使用期"。在相对静态的环境下，由于知识折旧较为缓慢，不会带来太大的问题。而在高度动态的环境下，"干电池理论"显然已经过时，取而代之的是"蓄电池理论"，不能将工作和学习截然分开，工作中的学习犹如往蓄电池里充电，通过专业学位教育或各种形式的培训，弥补知识折旧所带来的"短板"。人们经常可以听到一些企业领导者感言，"培训已经成为我的休闲方式"，也经常可以看到一些企业领导人在拿下 EMBA 学位之后仍频繁地出现在各种 EDP 课堂上，就充分反映了这方面的需求。

当然，"学中学"如果只是局限于课堂学习，会让许多管理者因工作忙碌望而却步。因此，读书习惯的养成就显得极为迫切了。对于在职学习而言，"书"的范围应该更广泛一些，除了管理方面的教材、著作，财经类的杂志、报纸，主要门户网站的财经频道等都是可供选择的范围。读书的内容也可以相对宽泛一些，形式可以多种多样，但重要的是：思想是否具有足够的启发性？方法是否具有较强的适用性？案例是否具有借鉴的价值？信息容量是否足够大？资料数据是否足够新？

学思结合

孔子指出:"学而不思则罔,思而不学则殆。"(《论语·为政》)他强调,如果一个人只注重学习,而不注重思考,就有可能遭到蒙蔽而陷于迷惑的状态;如果只注重思考,而不注重学习,就有可能误入歧途,最终招致危险。孔子主张学与思不可偏废,这不仅是儒家弟子的修身之道,也是今天的企业管理者成长的有效路径。

1. 学而思之

曾经有一位探险家,在南美的丛林中探险,雇用土著人做向导。虽然土著人背着重重的行李,但一连三天下来,他们总是步伐矫健,行进在队伍的最前列,使考察队顺利地完成了预定的行进计划。但到第四天,尽管探险家一早便催促土著人上路,却遭到拒绝。原来,土著人自古流传着一个神秘的习俗:在赶路时,头三天他们会竭尽全力向前冲,之后则需要休息一整天,理由是:"为了让我们的灵魂追上我们赶了三天路的疲惫身体。"

土著人的话耐人寻味,对于处理好学与思的关系具有很大的启示作用。一方面,思是学的升华,就像人体摄取食物一样,如果囫囵吞枣,不加咀嚼,就很难消化、吸收,无法变成自己的养料。在企业管理中，不管是"干中学"，还是"学中学"，如果学而不思，就很容易出现生搬硬套的问题，达不到应有的效果。

就拿"干中学"来说，管理者可以向别人学习，也可以从自己过去的经验、教训中学习，但关键是，在向别人学习的时候，他需要区分出：哪些东西具有普遍的适用性，哪些东西属于特例；哪些东西具有时间的沿袭性，哪些东西是在特定的历史条件下的产物。否则，就可能沦落为"邯郸学步"，效果适得其反。面对自己过去的经验与教训也一样，管理者如果缺乏仔细的考虑，就很容易出现"一朝被蛇咬，十年怕井绳"的可笑情形。

美国心理学家做过一项投篮试验，让三组学生练习投篮。在20天的时间里，第一组学生每天实际练习投篮20分钟，并将第一天和最后一天的成绩记录下来；对于第二组学生，只记录第一天和最后一天的成绩，在此期间，他们不再做任何练习；对于第三组学生，除了记录第一天和最后一天的成绩，还让他们每天花20分钟做想象中的投篮，如果投不中，需要在想象中予以纠正。实验结果让人大吃一惊：第一组命中率增加了24%；第二组毫无进步；第三组命中率则增加26%。可见，适当地给工作与生活留下思考的空间，创造的价值可能不亚于每天坚持不懈的学习。

罗斯（Steven J. Ross）是时代华纳公司的前董事会主席，他的父亲曾经给他这样的忠告："世上有三种人：第一种人走进办公室，把脚翘在办公桌上，然后做上12小时的美梦；第二种人早上5点钟就到了，工作16小时，从不停下来想一想；第三种人跷起二郎腿，做一个小时的美梦，然后开始实践他的梦想。"显然，第一种人是典型的空想家，成就不了任何事业；第二种人是艰苦卓绝的实践家，但他已经沦落为惯性的奴隶，可能事倍功半；只有第三种人才是明智的，他将学与思紧密地结合起来，能够取得事半功倍的效果。

从 20 世纪 80 年代开始，比尔·盖茨（Bill Gates）每年都会开展两次为期一周的"闭关修炼"，把自己关在太平洋沿岸一幢临水的别墅里，闭门谢客，构想微软帝国的未来。而在每次"闭关"之后，微软往往都有惊人之举。比如，在 1995 年的"闭关周"，盖茨曾撰写出享誉全球的文章——《互联网浪潮》，引领微软开发出最终击败网景公司的 IE 浏览器。盖茨的"闭关"使他从日常琐碎的工作中摆脱出来，用系统、前瞻的头脑思考微软的战略问题，所处的境界自然更高，所提出的发展道路自然更切合微软的实际需要。

再拿"学中学"来说，杜甫留下了脍炙人口的名句："读书破万卷，下笔如有神"（《奉赠韦左丞丈二十二韵》），对读书的价值给予了相当高的评价。而郑板桥却认为："读书数万卷，胸中无适主，便如暴富儿，颇为用钱苦。"（《赠国子学正侯嘉璠弟》）意思是说，读书虽然很多，但如果不知其要领，就像暴发户那样，因钱多不会用而苦恼。

同样是读书，为什么会出现如此鲜明的反差呢？答案可以从学与思是否紧密地结合在一起中去找。书读得多且活，就能做到所学知识的融会贯通，确保举一反三；相反，书读得再多，但只知道死读书，反而会变成人们的负担。就像郑板桥所说的那样："五经、二

十一史、藏十二部，句句都读，便是呆子；汉魏六朝、三唐、两宋诗人，家家都学，便是蠢材。"(《随猎诗草、花间堂诗草跋》)

在大变革的环境中，现代企业管理理论与方法可谓层出不穷，甚至可以说让人眼花缭乱。对于各种时髦的管理理论与方法，如果不分青红皂白地拿来就用，也会像郑板桥所说的"暴富儿"那样。对于任何企业而言，没有所谓最好的管理理论或模式，只有是否适用的管理理论或模式。因此，认真加以选择地读书，努力做到学以致用，是企业管理者适应动态变化的外部环境的明智之举。

2. 思而学之

另一方面，厚积方可薄发，思考需要学习的积累与巩固。缺乏学习所形成的知识储备，一个人是很难开展深入思考的。明末清初的思想家王夫之强调，"学愈博则思愈远"(《四书训义》)，企业管理者只有开展广泛的学习，才能形成广阔的视野。思而不学的缺陷在于：经常钻牛角尖，陷入自己狭隘的小圈子里走不出来，面对管理中的诸多问题，只能干着急，即便整天思考，却怎么也想不出好办法。

正所谓"思之困则学必勤"(《四书训义》)，当管理者碰到某个难题、百思不得其解时，不妨超脱一点，回归到学习中来。表面上看，他似乎离解决问题的答案越来越远，但恰恰是这种暂时的解脱，能帮助他找到解决问题的有效答案。

如此说来，管理者有效的学习需要带着问题而来，树立鲜明的问题导向。在遭遇瓶颈或面临困境之后，管理者头脑中带着各种问题来参加 MBA，EMBA 学习，或参加各种 EDP 项目，往往能取得较好的学习效果，原因就在于此。

现代物理学的开创者和奠基人、相对论的提出者爱因斯坦的故事很有启发意义。爱因斯坦之所以能够取得非凡的成就，就在于他头脑中始终装着要解决的问题。有人问他："您获得如此巨大的成功，我们很想知道您头脑里经常记些什么？"爱因斯坦的回答是："我的头脑只记问题。"那人反问道："那么书本上的东西呢？"爱因斯坦回答说："书本上的东西都写清楚了，到用时一查就找到了。"

3. 审问明辨

人们经常谈到"学问"一词，可见学与问具有很强的关联关系。学在前，问在后，无论是从直接经验中学习，还是从间接经验中学习，总可能遇到这样那样的迷茫，此时，问就必不可少了。如果说学是单向的信息接收过程，问则旨在创造双向的信息沟通渠道。因此，问有助于解惑，让人们学习的过程表现得更为主动。但一些企业领导者由于习惯于发号施令，满足沉浸在一言九鼎的虚荣之中，往往缺乏"审问"的勇气，生怕这样会让自己丢面子，在似是而非、一知半解的情况下，做出许多自以为是但却不切实际的决策。

在学习的过程中，管理者还需要具备"明辨"能力，对所接触的信息，做出合理、清醒的界定：哪些信息是客观、真实的？所获得的信息是否具有较强的时效性？这些信息的适用性如何？可以想象，虚假、滞后、不适用的信息，比缺乏信息更为可怕。信息的缺乏可能让管理者面对机会停滞不前，但至少不会像信息的虚假、滞后、不适应那样，让企业蒙受一系列不必要的损失。

与朋友交

与朋友交，既是人们感情和归属的需要，也是人们事业得以发展、壮大的人脉基础，还是管理者提升自我修养的有效途径。真正的朋友是人一生的财富。孔子三岁丧父，少年丧母，之所以能够取得伟大的成就，在很大程度上有赖于朋友相助。所以，孔子重视交友，也乐于交友。在《论语》开篇中，他就大声呼吁："有朋自远方来，不亦乐乎？"（《论语·学而》）

1. 无友不如己

孔子赞成"无友不如己者"（《论语·学而》）。对于孔子所说的这句话，后人的解释存在分歧。有人理解为，不要与不如自己的人交朋友。正如晋代傅玄所说的那样，"近朱者赤，近墨者黑"（《太子少傅箴》），合理地选择交友对象，为自己树立若干学习的标杆至关重要。否则，如果身边聚集的都是水平和能力不如自己的人，不仅很容易滋生自满的情绪，使自己丧失继续努力的动力，而且即便想继续努力，也找不到学习的参照系和改进的方向。比如，一些来自中小城市的中小企业的领导人，之所以重新回归到各知名院校的EMBA课堂，动因就在于此。

也有人认为，上述解释与孔子"三人行，必有我师焉"（《论语·述而》）的思想相矛盾，似为不妥。毫无疑问，能力再强的人可能会在某个方面存在不足，能力再弱的人也可能某个方面是强项，人人都可以成为自己学习的对象。抱着"三人行，必有我师焉"态度的管理者表现出虚心的姿态，体现出开放的胸怀。如果谁都只与胜己者交朋友，那就可能造成谁都没有朋友的局面。

所以，后者认为，应将此处的"不如己"理解为"不类己"，也就是孔子所说的"道不同，不相为谋"（《论语·卫灵公》）。人生难得求一知己，可见，交一个真心的朋友有多难。在择友的标准上，孔子看重的是价值取向，主张朋友之间应该志同道合。企业管理者要成就一番事业，需要交几个情趣相投、真正贴心、无话不谈的朋友。做企业很难，难就难在需要面临很多两难的抉择，而且抉择所面临的时间又非常紧迫。此时，如果有好朋友相助，则多一分冷静，少一分冲动；多一些清醒，少一些糊涂；多一分坚决果敢，少一分优柔寡断，能够做出更理智、更客观、更高效的决策。

上面两种解释均有其合理之处，对于企业管理者均有直接的借鉴价值。

2. 益者三友

至于哪些人值得交朋友，哪些人不值得交朋友，孔子的"益损三友"给出了明确的回答。孔子曰："益者三友，损者三友。友直，友谅，友多闻，益矣。友便辟，友善柔，友便佞，损矣。"(《论语·子路》) 意思是说，有益的交友有三种，有害的交友也有三种。与心地正直的人交朋友，与诚信体谅的人交朋友，与见多识广的人交朋友，是有益的。而与善于奉承的人交朋友，与表面和善的人交朋友，与花言巧语的人交朋友，则是有害的。

心地正直的人值得交往。朋友就像是一面镜子，透过镜子可以看到自己的缺点与不足。管理者身边如果有这类朋友，可以在他们犹豫不决的时候带给他们果断，在他们遭遇挫折的时候给予他们勇气，在他们取得成绩的时候，能时不时地给他们提个醒，以免走不必要的弯路，而不至于事后才感慨："要是早有人提醒我，也不至沦落到如此地步。"作为管理者，应该净化自己的交友圈，而首先一条就是，这个人品行如何，是不是值得交往。

诚信体谅的人值得交往。这类朋友为人厚道，言出必践，遇事不与人计较，凡事总能从朋友的立场着想，施恩不图回报，友谊不会因穷达而改变。当然，诚信宽容是相互作用、相互影响的，交朋友的过程就是交心的过程。因此，孔子主张"与朋友交，言而有信"(《论语·学而》)。在与朋友交往时，需要保持包容的心，须知，过分的求全责备，不如宽容的力量来得持久；宽容可以增加对方自省的能力，让对方更加觉得朋友的珍贵，从而进一步巩固双方的友谊。

见多识广的人值得交往。这类朋友知识渊博，视野开阔，谙熟为人处世之道。与这样的朋友交往，无论是道德，还是学问，都会有所长进。在先秦时期，资讯远不如今天发达，扩展知识面的一个重要途径就是交朋友，"友多闻"就显得极为重要了，交友可以迅速将别人的间接经验转化成自己的直接经验。对于现代企业管理者而言，获取资讯的手段固然远比先秦时代先进得多，但交一个见多识广的朋友，可以帮助他们选择合理的资讯获取路径，使他们迅速从海量的资讯中获得有价值的信息。

3. 损者三友

在损者三友之中，首先其冲的是便辟之友。但糟糕的是，许多人却有意无意地忽视了这一点，原因在于，喜欢"高帽子"是人类不自觉的天性。而作为人群中杰出代表的企业领导者，如果洋洋自得于已经取得的成就，则更加容易暴露出人性的这一弱点。

据《北史·熊安生传》记载，"高帽子"一词源自北魏时期的宗道晖。该人平时喜欢戴一顶高帽子，穿一双大木屐。每当有官员莅临时，他都穿着这身行头，跪拜时一直将头叩到木屐上，极尽阿谀之能事。因此，后世就把"高帽子"与"拍马屁"联系在一起。

清代道光年间进士俞樾在《俞楼杂纂》中讲述了一个极其诙谐

的有关"高帽子"的故事。有一京城官员被派往外地任职。临行前,他向老师道别。老师说:"地方官不太好做,应当谨慎一些。"那人回答说:"我已经准备了100顶高帽子,逢人就送他一顶,应该不至于和别人闹矛盾吧。"老师非常生气:"作为读书人,我们应直率待人,何必给人戴高帽子呢?"那人答道:"天底下像老师您这样不喜欢戴高帽子的人能有几个呢?"老师点头道:"你的话也不是全无道理。"那人从老师家出来,对别人说道:"我准备的100顶高帽子,现在只剩99顶了。"

可见,处于上位的管理者需要努力克服自己的虚荣心,远离那些喜欢奉承的家伙,要交就交能够直言规劝的诤友。这样的朋友能够负责任地当面指出自己的缺点和错误,敢于在自己头脑发热的时候不失时机地"泼冷水"。古代的帝王如果多几个诤臣,就能了解真正的民情,避免权力过度集中所造成的决策随意,确保国家的繁荣昌盛;今天的企业领导者如果多几个诤友,就能听到更多的真话,避免长官意志和官僚主义所带来的诸多弊端。

从这一点来看,企业领导者倒有必要重新审视一下自己的竞争对手,他们往往比诤友更加直指自己的痛处。在提防竞争对手攻击自己的同时,企业领导者不妨认真思考一下,对手所攻击的往往正是自己的致命弱点,而这正构成自己得以进一步提升的空间。

所谓"善柔",亦即善于装出和悦的脸色,而"便佞"则指的是经过粉饰的语言。"善柔"、"便佞"的人是典型的"两面派",需敬而远之。无论处于哪个层级、哪个职位的管理者，手中或多或少都拥有一定的权力。此时，有些人就可能紧紧盯住他们手中的权力，希望以此谋取自己的私利。而这些人惯用的伎俩就是见风使舵、两面三刀。

然而，在一些企业领导者的旁边，却围满了这样的人。企业领导者无论做什么，这些人总是举双手赞成；企业领导者无论说什么，这些人总是大呼英明。这种阿谀奉承的附和不断强化着企业领导者的自我认同感，使他们离正确的轨道越来越远。而他们的眼睛所看到的、耳朵所听到的，却是一片虚假的繁荣。只有等泡沫彻底破灭后，他们才能认识到事情的真相，但此时，已悔之晚矣。

三省吾身

"曾子曰：'吾日三省吾身：为人谋而不忠乎？与朋友交而不信乎？传不习乎？'"（《论语·学而》）曾子认为，个人修养得以提高的途径是每天反省自己以下三个方面：为别人做事情是不是忠心？交朋友是不是说话算话？老师所传授的知识是不是身体力行了？通过不断地省自身、纠己错，曾子构建了一套自我管理的闭环系统，为今天的企业管理者展示了一条非常实用的修己之道。

1. 内省不疚

曾子的老师——孔子就非常重视自省的作用，他说："见贤思齐焉，见不贤而内自省也。"(《论语·里仁》)他指出：看见贤德的人就应考虑向他看齐，看见没德行的人内心就应自我反省有没有类似的毛病。人们只有及时反省自己，才能使好的东西发扬光大，并随时改正自己的缺点和不足。

古代一些文人、名士常在自己的客厅、书房等处悬挂、放置写有精练且富有哲理文字的牌匾、条幅，用来警示或勉励自己，这就是通常所说的座右铭。据《文选》记载，座右铭的首创者为东汉书法家崔瑗。崔瑗自幼天资聪慧，勤奋好学，但不幸的是，少年时，他的父母便双亡。年轻的崔瑗曾在京师与马融、张衡一起学习，张衡后来发明了地动仪，马融成为著名的经学大师。正当崔瑗准备一展宏图时，他的哥哥崔章为人所杀。血气方刚的崔瑗一时冲动，提刀杀死仇人，结果被捕入狱。幸而后来汉帝大赦天下，崔瑗才得以释放。在狱中，崔瑗仍勤于学习，有个狱吏精通《礼》，崔瑗经常向他请教。出狱后，崔瑗写了几句话置于座右，时刻警戒自己：莫要冲动再犯错误。

林则徐也对座右铭情有独钟。在担任两广总督、查禁鸦片期间，他曾在府衙内悬挂着一副对联："海纳百川，有容乃大；壁立千仞，无欲则刚"，告诫自己要广泛听取各方面的意见，坚决杜绝私欲。为提醒自己不要因激动而发火，他还在书房中挂有"制怒"的条幅。

对于身处权力巅峰的企业领导者而言，具备自省的意识，能够清醒地意识到自己的问题和错误，实属难能可贵。当政54年的汉武帝是一位很有雄才大略的君主，与秦始皇并称为"秦皇汉武"。在位期间，汉武帝在军事和经济上加强了中央集权，充实了军事力量，增强了经济实力；在对外关系上，他解除了匈奴的威胁，派张骞出使西域，打通了丝绸之路，强化了对西域的统治，可谓功勋卓著。但汉武帝也穷奢极欲，在上林苑大肆建造亭台楼阁，曾为求汗血宝马大耗国力；晚年又迷信方术，试图长生不老。汉武帝的迷信加多疑最终酿成了"巫蛊之祸"，逼死了太子和卫皇后，使得受株连者达数万人。难能可贵的是，汉武帝在晚年发布了《轮台罪己诏》，及时反省自己所犯的各种错误，使汉朝的统治政策重新回归到与民生息、重视经济的轨道上。身为帝王者依然能够屈身"罪己"，企业领导者更应该时常反思：自己是否能够做到"内省不疚"（《论语·颜渊》）呢？

所以，自省不仅应成为企业管理者的自觉意识，更应成为企业管理者的学习方式。比如，通用电气的CEO杰夫·伊梅尔特（Jeff Immelt）就认识到：领导力实质上就是一种自我反省能力。对于管理者来说，反省的过程就是学习的过程，只有深刻地反省自我，才能发现问题，找出差距，为改正错误、提升自我创造条件。

2. 不远复

《易经》第二十四卦——复卦中说："不远复，无祗悔，元吉。"该卦用于占卜旅行之事，语言极朴素，但寓意的道理却极为深刻。"不远复"是说，出外不远之后就开始返回，比喻能及时反省自己。如果一个人能经常反省自己，就不会出现大的过失，这样的人才是大吉大利的。

在曾子那里，"不远复"以"日"为周期，可见，自省不仅应成为一种意识，而且应成为一种习惯。曾国藩一生中强调一个"静"字，每天坚持给自己留出一块清静的时间和空间来审查自身。直至晚年，曾国藩通过静坐寻找自己不足的习惯依然没有改变。美国伟大的政治家、《独立宣言》的起草人——本杰明·富兰克林（Benjamin Franklin）在其自传中也提到他本人用于自省的方法，这是一种带有强制性的周期循环的自省方法。这一方法帮助他不断除去德行上的瑕疵，为他日后事业的成功打下了坚实的基础。

无论是曾国藩还是富兰克林，都在践行着"不远复"的自省之道。毫无疑问，对于许多企业管理者，尤其是高层管理者而言，工作节奏快、时间不够用似乎是一种常态。也正因为如此，反省的周期也就越拉越长，甚至最后反省也就变得可有可无了。但正如俗话所说的那样，"磨刀不误砍柴工"，经常性的自省不仅不会拖效率的后腿，反而是提升效率的重要手段。否则，自省的过程如果一拖再拖，就很容易铸成终身引以为憾的大错。

3. 闭环管理

"省"是一个阶段的总结，又是另一个阶段的开始，如此周而复始，形成一个螺旋式上升的闭环系统。"三省吾身"之中包含非常重要的闭环管理思想。

在现代管理理论中，闭环管理的思想集中体现在 PDCA 循环中。PDCA 循环是美国质量管理专家戴明（W. Edwards Deming）博士在 20 世纪 60 年代初倡导的一种质量管理方法，也称为戴明环（Deming Cycle）。PDCA 循环中的四个英文字母分别代表 plan（计划），do（执行），check（检查）和 action（处理）。戴明认为，全面质量管理首先源于计划制定阶段，确定质量改进目标，并拟定具体的实施措施；在此基础上，按照计划实施相应的措施，开展相关的改善工作；接着，不断检查计划执行过程及其结果；最后，对执行经验进行总结，以便巩固、提高，或将尚未解决的问题以及新出现的问题提交到下一工作过程中予以解决。如此循环往复，形成一个阶梯式改进的闭环管理过程（见图 5—1）。

张瑞敏曾在总结海尔 20 多年的发展历程时，提出一条经验：海尔处理好了重点突破和闭环优化的关系。重点突破旨在寻找可以拉动全局发展的突破点，但仅仅这个突破点孤军深入还不行，还需要整体提高，这就要靠闭环优化。比如，当"有缺陷的产品就是废品"

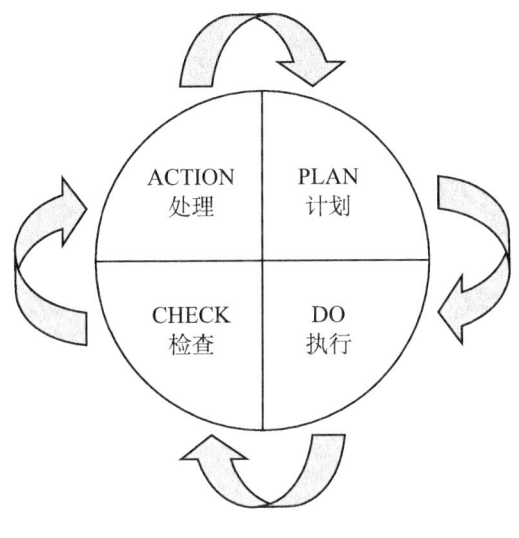

```
       ACTION    PLAN
        处理     计划

       CHECK     DO
        检查     执行
```

图 5—1 PDCA 闭环管理

这一理念提出来后，海尔将突破点确立在最后下线的这道工序，严格要求不合格的产品不能下线。这样，零部件质量、人员素质、工艺技术等所有问题都暴露出来，就有了对相关环节的优化。

"日事日毕，日清日高"是海尔人的处世哲学，这种处世哲学可以说是闭环管理在海尔落到实处的突出表现。海尔创造性地提出了 OEC 管理法，其中"O"代表"overall"，意为"全面的"；"E"代表"everyone, everything, every day"（简称 3E），意为"每个人、每件事、每一天"；"C"代表"control and clear"，意为"控制和清理"，其含义是全方位地对每个人每一天所做的每一件事情进行控制和清理，每天的工作每天完成，而且每天的工作质量都有提高。"日事日毕，日清日高"处世哲学的贯彻，使得海尔的基础管理工作迈上了一个新台阶，并逐步造就了独具一格的海尔文化。

　　而对于每一个管理者而言，闭环管理首先应成为其修身的具体手段。在日常的经营管理活动中，管理者需要自觉地构建一个又一个的自我管理的闭环系统，才能实现自身投入产出的更大化。但令人不解的是，许多管理者在力求让企业的业务流程更科学、让企业的规章制度更合理、让自己的下属的工作更富于生产力的同时，却常常忽视对自己的工作流程和工作方法实施改进，闭环管理只知道作用于别人，而恰恰忽视了作用于自己。

第6章 / Chapter Six

选贤任能：人才选拔

才德全尽谓之"圣人"，才德兼亡谓之"愚人"，德胜才谓之"君子"，才胜德谓之"小人"。

——《资治通鉴》卷一

众恶之，必察焉；众好之，必察焉。

——《论语·卫灵公》

《晏子春秋·内篇谏下》指出，"国有三不祥"，即"有贤而不知，一不祥；知而不用，二不祥；用而不任，三不祥"。晏子明确提出国家的三种不祥征兆：其一，有贤人却不知道；其二，知道谁是贤人但却不用；其三，用了贤人却对其不信任。对一个企业而言，也需要谨防"三不祥"，因此，首要的就是建立有效的选贤任能的人才选拔机制。

审于才德

北宋历史学家司马光认为，识别人才首先需要辨明才德，他总

晏子（公元前578年—公元前500年）

名婴，字仲，春秋时期继管仲之后齐国的名相。他身材不高，其貌不扬，但头脑机敏，能言善辩，辅助三代齐王，历时40余年，政绩卓著，无论是孔子，还是司马迁，都对他赞赏有加。《晏子春秋》是记叙其言行的一部历史典籍。

结历史经验与教训，写道："故为国为家者，苟能审于才德之分而知所先后，又何失人之足患哉！"（《资治通鉴》卷一）大意是说，无论治国还是治家，如果能审察才与德这两种标准，知道选择的先后，又何必担心会失去人才呢？他进一步指出："才德全尽谓之'圣人'，才德兼亡谓之'愚人'，德胜才谓之'君子'，才胜德谓之'小人'。"（《资治通鉴》卷一）从才和德两个维度构建有效的人才识别矩阵（见图6—1），提醒治国者需要对不同的人进行认真的甄别。他的这套人才识别机制不仅适用于治理国家，也适用于治理包括企业在内的任何组织。

毫无疑问，"才德全尽"的"圣人"是一个企业赖以生存和发展的"领头羊"，但他们只是少数的几个人，为企业确定发展道路，指明发展方向，经营和管理企业已成为他们的事业，战略掌控力和领

```
高  |  小人  |  圣人
才  |------|------
低  |  愚人  |  君子
      坏    德    好
```

图 6—1　人才识别矩阵

导力对他们至关重要，这些人构成企业的"帅才"。而"君子"则构成整个企业可持续发展的群众基础，是执行力的根本保证。一个企业的发展需要众多的"君子"，他们信奉企业文化，自觉遵守各项规章制度，这些人构成企业的"将才"和"兵才"。一支军队要有战斗力，必须是帅、将、兵三者合理匹配。同样道理，构成企业金字塔基础的是数量庞大的"兵才"，引领企业航向的是见仁见智的"帅才"，而"将才"则起到上情下达、下情上传的作用，是企业层级组织有效运转的润滑剂。只有由能力结构各异、能量大小不同的人建立一支"帅才"、"将才"和"兵才"各有侧重、各有分工的队伍，企业才能具备强有力的竞争力。

当然，"帅才"、"将才"、"兵才"不仅需要构成合理，而且需要各在其位。正如唐太宗李世民所言："函牛之鼎，不可处以烹鸡；捕鼠之狸，不可使以搏兽。"（《帝范·审官》）意思是，能容纳一头牛的大鼎，就不适合用来煮鸡；而狸猫只能用来捕鼠，不可以让它去与猛兽搏斗。在企业中，既要努力避免"大材小用"的现象，也要努力避免"小材大用"的现象。

《帝范》

唐太宗李世民（公元598年—公元649年）晚年所撰写的一部讨论为君之道的著作，用于教诫太子李治。该书完成于贞观二十二年（公元648年），共12篇，系统总结了李世民一生的政治经验，并评述了他一生的功过。

"大材小用"的事情在一些企业中经常发生，典型的就是"人才高消费"现象。一些企业在招聘新员工的时候，无论什么岗位，明确要求：非名校的毕业生不招，学历低的人不招。比如，总裁办公室需要一个普通的文秘人员，动辄要求名牌大学的硕士学历。这就好比硬要让"栋梁之材"屈尊为"筷子"，又好比"杀鸡"用"宰牛之刀"，容易产生一系列的问题。这不仅表现为投入产出的不经济，导致人力资源利用效率低下，而且还可能出现"宰牛之刀"未必适合"杀鸡"的情形。更为糟糕的是，由于工作缺乏必要的成就感和挑战性，"栋梁之材"久而久之很容易萌生去意。

"小材大用"也会带来很多负面的影响。不可否认，一定程度地让"小马拉大车"有助于培养后备管理队伍，具有较强的激励效用，但前提条件是，这匹"小马"是可堪造就的"小马"，假以时日，能够迅速成长；同时，"大车"的重量只能适度超出"小马"当前的负重。否则，就很容易出现由于某些岗位不能很好地履行职责而造成流程阻塞的现象，而且，在企业内部容易滋生不公平意识，使得其他员工产生懈怠的情绪。

人才使用的理想境界是人尽其才，符合岗位需要和企业文化特点应成为人才选拔的标准。有专家做过统计，在美国某大报一年刊登的 3 544 则科技类招聘广告中，2 799 则没有学历要求，要求学士以上学历的仅有 280 则。这些刊登招聘广告的企业不乏世界顶尖级企业。英特尔公司在招聘时青睐那些虽然各门功课平平但却富于创新精神的学生，因为创新能力对于英特尔的发展至关重要。而在宝洁中国公司每年的招聘中，被录用的本科生往往占到总录用人数的 70%～80%。

企业最需要提防的是"小人"，否则，稍有不慎，就可能"一粒老鼠屎坏一锅粥"，闹出大乱子。"小人"既需要靠严格的人才招聘机制排除在企业之外，也需要靠完善的监督机制予以防范。而"愚人"虽"泥鳅掀不起大浪"，对企业不至于产生颠覆性的危害，但也不足以成事，而更可怕的是，他们可能破坏企业积极、向上的良好氛围，企业应通过各种考核机制将他们予以淘汰。

总体而言，司马光旗帜鲜明地提出"德胜才"的主张，明确表示："凡取人之术，苟不得圣人、君子而与之，与其得小人，不若得愚人。"（《资治通鉴》卷一）1995 年，具有 233 年历史的英国老牌银行——巴林银行的破产就充分证明了司马光的观点。

巴林银行的破产直接毁于尼克·李森（Nick Leeson）之手。李森于 1989 年加盟巴林银行，1992 年担任新加坡分行期货经理。一次，李森领导下的一名交易员因操作失误亏损 6 万英镑，李森害怕事情败露而影响自己的前程，决定动用错误账户，即银行对代理客户交易过程中可能发生的经纪业务错误而设置的核算账户。此后，李森一再动用错误账户，将失败的交易记入其中，用以掩盖不良业绩，致使新加坡分行的损失越来越大。为挽回损失，李森不惜作最后一搏。1995 年 1 月，李森看好日本股市，分别在东京和大阪等地大量买入日经股指期货合同。但不幸的是，日本关西大地震击碎了李森的美梦，日经指数不涨反跌，最终导致巴林银行的损失超过 10 亿英镑，远远超出其自有资本。

巴林银行的破产固然与其风险意识薄弱、组织结构设置不合理、内控机制乏力、审计监管不到位等直接相关，但对于李森"德"的考察不够，却构成其破产的直接"导火索"。

听言观行

如何有效地识别人才呢？孔子曰，"听其言而观其行"（《论语·公冶长》），即考察者以旁观者的姿态，在不被考察对象觉察的情况下，客观、中立地观察考察对象的言行。在这个问题上，孔子的思想曾经发生过巨大的变化。以前，他主张"听其言而信其行"（《论语·公冶长》），仅仅基于被考察者所说的话，就相信他会付诸行动；后来，孔子转变了态度，认为不仅要考察一个人说什么，更重要的是看他言行是否一致，表态是否兑现。

不可否认，在现代环境下，沟通能力是一项非常重要的能力，因此，也就变成管理者普遍重视的一项素养。所以，有效地甄别下属或面试对象到底有没有真本事，是不是仅仅只有"嘴上功夫"，就成为有效领导的关键。尤其是对外招聘新员工时，这一点尤为关键。从楚庄王与相面者的典故中，管理者可以深刻地体会到如何才能做到明察秋毫。

《吕氏春秋·贵当》记载，春秋时期，楚国有个人善于相面，远近闻名，因为他的判断从未失误过。楚庄王因此召见此人，并问起这件事。相面者回答说："我并非擅长给人看相，而是能详察他们的朋友。对于平民而言，如果他的朋友都能孝顺老人，尊敬兄长，为人忠厚，那这个人家里一定会日益富足，自身也一定会日益荣耀，此乃所谓的吉人。对于臣属而言，如果他的朋友都忠诚可靠，品德高尚，乐善好施，那么，这个人一定会每天都有所进益，官职会得到升迁，此乃所谓的吉臣。对于君主而言，如果他的臣属贤能而忠良，自己有过失时他们都能争相劝谏，他的国家一定会日益安定，自身也会日益尊贵，天下会日益敬服，此乃所谓的吉主。"楚庄王对相面者的回答十分称赞。于是，他坚持不懈地网罗贤士，壮大自己的实力，终于成就为"春秋五霸"之一。

毫无疑问，对于企业已有的员工而言，只需要关注他们言行是否一致，或者是否做到行胜于言就可以了。道理很简单，一个人语言再会"伪装"，但随着时间的推移，谎言总会"露出马脚"。而对于拟招聘的新员工来说，面试考官就可能受其语言的蒙蔽。此时，面试考官需要关注应试者历史纪录中所提供的一些显性指标，如以往的工作经历、工作业绩等，通过客观地分析，仔细判断其话语的可信度，最终决定是否录用。

好恶必察

《论语·子路》中记载有这样一段对话：子贡问曰："乡人皆好之，何如？"子曰："未可也。""乡人皆恶之，何如？"子曰："未可也。不如乡人之善者好之，其不善者恶之。"翻译成现代汉语就是："整个乡里的人都喜欢他，这个人怎么样？""还不行。""整个乡里的人都讨厌他，这个人又怎么样？""也不行。不如整个乡里的好人都喜欢他，整个乡里的坏人都讨厌他。"因此，孔子明确提出："众恶之，必察焉；众好之，必察焉。"（《论语·卫灵公》）可见，孔子是一个非常有心的人，当大家都讨厌某个人、异口同声说他坏话时，孔子认为可能有问题，有必要认真查清楚是怎么回事；当大家都喜欢某个人、异口同声对他加以赞扬时，孔子也表示怀疑，有必要认真查清楚事情的来龙去脉。

在一些企业中，"众恶之"和"众好之"的情形并不少见。比如，某位中层管理者在他所管辖的部门内，坚决执行企业的改革方案，严格按照企业的规章制度行事，因此得罪了他的下属，就可能出现"众恶之"的局面，而此时，总经理如果完全听信群众的意见，就会严重打击一个改革的坚决拥护者，甚至可能做出错误的人事任免决定。再如，某个子公司的负责人在自己所管理的企业中一味迁就、迎合员工的要求，以巩固自己的群众基础，大力维护小团体的利益，因而获得大家的"满堂彩"，如果总部的管理层不加以调研，长此以往，必将危害整个集团的利益。

当管理者树立"必察焉"的指导思想后，他已经由一个被动的观察者变为一个主动的考察者。企业管理过程中对任务完成情况的考察以及招聘面试中的情景案例测试，都属于此种情况。

诸葛亮在《将苑·知人》中所提出的七条"知人之道"，就是这种主动考察法在相应场合中的具体运用：其一，"间之以是非而观其志"，将一个人置于大是大非面前，以考察其志向、立场是否坚定；其二，"穷之以辞辩而观其变"，与一个人展开激烈的辩论，以考察其应变能力；其三，"咨之以计谋而观其识"，就某件事情向一个人征求意见，以考察其见识水平；其四，"告之以祸难而观其勇"，告知一个人即将大祸临头，以考察其胆识和勇气；其五，"醉之以酒而观其性"，所谓"酒后吐真言"，让一个人喝醉酒，说出真心话，以考察其真性情；其六，"临之以利而观其廉"，用利益去引诱一个人，看其能不能抵御住诱惑，是否廉洁奉公；其七，"期之以事而观其信"，将某件事交付给一个人去办，并明确截止日期，以考察其是否讲究信用，能否如期完成任务。尽管诸葛亮本人也曾经因为误用马谡而痛失街亭，但其"知人之道"的七条法则到今天依然具有很强的实用价值。

对于企业领导者而言，这种主动考察法一个重要的用武之地就是接班人的选拔。一些企业之所以在"一把手"换人之后出现战略"180度"的大逆转，或者出现业绩的大幅滑坡，就在于接班人选拔制度不到位。

1878年成立的通用电气公司在这方面的做法可圈可点。在通用电气130多年的发展历程中，一共只有9位CEO，他们几乎都是内部提拔的。严格地选拔自己的接班人早就成为通用电气领导人的惯例。第七任CEO琼斯（Reg Jones）花了7年的时间才将杰克·韦尔奇确定为接班人，而韦尔奇也花了6年多的时间才将伊梅尔特选定为接班人。这种马拉松式的接班人选拔机制，是对未来掌门人深入、细致的主动考察，确保了他们的素质真正符合公司发展的需要。

1974年，在琼斯担任CEO的第2年，开始实施培养下一任接班人的计划。在经理人员管理部的协助下，他花了2年的时间，将公司内部最初挑选出来的96位候选人缩小为12人。再经过一轮筛选，确定了6位主要的候选人，任命为不同事业部的总经理。在此后的3年中，琼斯有意让这些候选人完成各种艰巨的任务，并经常与他们交流。1981年，45岁的韦尔奇脱颖而出，担任通用电气第8任CEO，成功地让通用电气成为其所从事的所有行业中业绩最佳者。

韦尔奇运用同样的方法考察他的接班人。1994年，他开始思考接班人问题，由公司的管理、发展和薪酬委员会确定了最初的 24 位人选。通过严格的考核，逐渐减少到 8 人、3 人。对于最后 3 位候选人，韦尔奇让他们离开自己的工作岗位，要求他们在半年内成功培养自己的接班人。凭借其所领导的医疗系统事业部所取得的出色成绩，伊梅尔特最终胜出，2001 年成为通用电气第 9 任 CEO。

因任授官

韩非子认为，国君应熟练掌握御人之术，"因任而授官，循名而责实，操杀生之柄"（《韩非子·定法》），即根据各人的能力授予适当的职位，依照下属的言论及职位要求他们做出相应的业绩，并掌握下属的生杀大权。在韩非子看来，"因任而授官"乃治国之关键。他认为，英明的君主"称能而官事"（《韩非子·人主》），能够确保"所用者必有能"（《韩非子·人主》）。根据能力授予官职和政事是韩非子的一贯主张，他提出所用之人一定要有很强的能力，通过建立一整套才职相称、职责分明的职位体系，使君主能够称霸于天下、实现其宏图伟业。

为了让更多的能人为自己所用，韩非子告诫君主们，要"内举不避亲，外举不避仇"（《韩非子·说疑》），即在选拔贤能之人时，对内不回避自己的亲属，对外不排斥自己的仇敌。

韩非子（公元前280年—约公元前233年）

姓韩名非，战国时期韩国贵族，与李斯同师荀子。他虽然口吃，但文笔犀利，继承和发展了荀子的法术思想，成为法家思想的集大成者，世称韩非子。他曾多次上书韩国国君，倡导变法图强，但不被重用，于是发愤著书，以求闻达，后为秦王嬴政所重用，所创立的法家学说为秦统一六国提供了强大的思想基础。不幸的是，韩非的才华遭到李斯等人的嫉恨，被诬陷死于秦国的监狱中。所著的《韩非子》一书宣扬法、术、势结合的法治思想，自古为帝王之学。

祁奚荐官的做法就为韩非子所欣赏和推崇。祁奚，字黄羊，是春秋时期晋国大夫。据《吕氏春秋·去私》记载，有一次，晋平公问祁黄羊："南阳这个地方缺个县令，你看谁适合担任这一职务？"祁黄羊回答道："解狐很合适。"晋平公非常吃惊，问道："解狐不是你的仇人吗？"祁黄羊笑着回答说："您问的是谁适合当县令，而不是问谁是我的仇人。"晋平公于是派解狐去南阳担任县令。解狐上任后，得到当地百姓的一致拥戴。过了一段时间，晋平公又问祁黄羊："如今朝廷缺一个大法官，谁适合担任这一职务？"祁黄羊回答说："祁午。"晋平公问道："祁午不是你的儿子吗？"祁黄羊说道："您问的是谁适合当大法官，而不是问谁是我的儿子。"晋平公任命祁午为大法官，祁午的政绩得到晋国人的一致好评。

孔子听说了这件事，大为称善，赞曰："外举不避仇，内举不避子，祁黄羊可谓公矣。"(《吕氏春秋·去私》)可见，在选贤任能方面，法家和儒家的许多观点极其一致。祁奚的做法之所以得到大家的普遍认同，就在于遵循了一个"任"字，无论是仇人还是儿子，在决定是否举荐之时，只以是否胜任该职位为基准。

在现代企业中，韩非子"私怨不入公门"《韩非子·外储说左下》)的思想依然有很大的适用空间。在用人问题上，感情的亲疏常常左右着许多企业领导人做出公正的判断，很多时候甚至起着决定性作用。对于许多民营企业来说，这似乎成了通行的游戏规则。企业老板将重要的岗位都交给自己的亲属负责，而没有太多考虑这些人是否称职，极不情愿从外部引进高素质的职业经理人。而这恰恰是许多民营企业发展到一定阶段后遭遇"透明的天花板"，甚至很快走下坡路的原因。

一些国有企业也是这样，只要"一把手"换人，中层管理者很快就面临着"大换血"，排斥异己的行为经常发生，使得许多能人因此而流失，在企业大伤元气的同时，无形之中也为竞争对手输送了大批优秀的人才，结果竞争实力此消彼长，企业在市场角逐之中处于下风。

第7章 / Chapter Seven

和而不同：团队建设

不和于国，不可以出军；不和于军，不可以出陈；不和于陈，不可以进战；不和于战，不可以决胜。是以有道之主，将用其民，先和而造大事。

——《吴子·图国》

喜怒哀乐之未发，谓之中；发而皆中节，谓之和。

——《中庸》第一章

孔子曰："君子和而不同，小人同而不和。"（《论语·子路》）大意是说，君子讲求和谐共处，但每个人各有所长，不会同流合污；而小人看重的是表面上完全一致，唯唯诺诺，但背地里却你争我夺，导致冲突不断。"和而不同"是儒家重要的为人处世之道，也是企业充分调动和利用人力资源，尤其是实施团队建设重要的指导原则。其中，"和"代表着鲜明的目标导向与高度的凝聚力，而"不同"则意味着基于异质性所带来的能力互补、持续创新与风险防范。"和而不同"是高效团队的基本特征，也是企业有效调配人力资源的关键所在。

和与同异

事实上,早在孔子之前,关于"和"与"同"的关系,就有人做了解释。西周末年,郑国的史官史伯明确指出,"和"与"同"是两个不同的概念,"和"指的是"以他平他"(《国语·郑语》),即不同的东西相加所形成的共同体;而"同"指的是"以同裨同"(《国语·郑语》),即相同的东西简单叠加在一起的结果。

《左传·昭公二十年》中记载,春秋时期齐国的晏婴在回答齐景公所提出的"和与同异乎"的问题时,明确回答说:"和与同异。"晏子用了两个非常形象的比喻来说明问题。他说,"和"就好比做羹汤一样,厨师将鱼肉放在盛满水的锅里,加上各种调料,再用火烹煮,就能烹制出美味可口的羹汤;而如果只有一种东西,是烹调不出鲜美的羹汤的。"和"又好比演奏音乐,乐师将各种乐器不同的音调配合起来,就能演奏出和谐、动听的乐曲;而如果只演奏一种乐器,演奏出来的乐曲就会索然无味,效果没那么好了。

《说文解字》继承了上述"和与同异"的思想,对"和"字的具体解释是:"和,相应也",指的是乐器演奏的协调,后引申为不同事物之间相互配合默契。而《说文解字》对"同"字的解释则是:"同,合会也",意思是口中说的都是一样的话,表达的是重复之意。

可见,"和"体现的是基于多种事物所形成的多元统一体,而

"同"则是由相同因素叠加构成的简单同一体。事物如果缺乏多样性，世界必然变得单调、乏味；而员工如果缺乏多样性，企业必然失去生机和活力，竞争力将受到很大程度的牵制。

和造大事

在博大精深的中国传统文化中，"和"的思想具有举足轻重的地位，因此，一些学者将中国传统文化归纳为和合文化。作为一种道德取向和行为准则，"和"在中国人心目中具有非常特殊的价值。

管仲认识到："上下不和，虽安必危。"（《管子·形势解》）如果君臣上下不和睦，即使当前暂时处于安定的状态，将来也会变得危险。孔子讲"和"，先从个人心性之"和"谈起，由己及人，渐次讲到人际之"和"、家国之"和"、人类之"和"、天人之"和"。在谈到如何得天下时，孟子总结道："天时不如地利，地利不如人和。"（《孟子·公孙丑下》）吴起则强调"和"对治军的价值，说道："不和于国，不可以出军；不和于军，不可以出陈；不和于陈，不可以进战；不和于战，不可以决胜。是以有道之主，将用其民，先和而造大事。"（《吴子·图国》）吴起认为，如果国内意志不统一，就不可以出兵打仗；如果军队不团结，就不可以让士兵上阵；如果士兵阵势不整齐，就不可以进战；如果士兵行动不协调，就无法取得胜利。因此，当英明的君主准备发动民众去参战时，必须先搞好团结，然后才能取得胜利。吴子的"图国"宏论,帮助他为魏文侯立下了赫赫战功。"先和而造大事"不仅是军事斗争的原则,也是企业在激烈竞争的市场上击败竞争对手的不二法则。

吴起（公元前440年—公元前381年）

战国初期著名的军事家,被尊称为吴子,一生历侍鲁、魏、楚三国,在内政、军事上均很有建树。所著的《吴子》一书在中国古代军事典籍中占据了非常重要的地位,后世将孙子和他合称为"孙吴"。

"人和"是一切组织成功的基石。阿根廷球星索林（Juan Sorin）这样评价巴西足球与阿根廷足球的最大不同之处:"巴西人的技术是天生的,他们在场上擅长一对一过人射门。阿根廷球员的组织纪律性更强,我们更多地通过配合寻找破门的机会。"从纯粹观球的角度而言,巴西队球星云集,每位球员的个人英雄主义确实都有许多看点,但在大赛中却屡屡失利;而阿根廷队却由于"人和"带来了协作的高效率,在大赛中屡创佳绩。

许多企业家深谙"人和"的价值。比尔·盖茨这样描述他的微软帝国,"我们微软是打群架的",对于团队对微软的发展所作出的贡献给予了高度的评价。当一个企业的管理层成员高度团结,管理层与员工之间关系和睦,员工之间关系融洽的时候,这个企业就很容易步入黄金发展阶段；相反，当一个企业管理层成员之间钩心斗角，管理层与员工之间关系紧张，员工之间矛盾激化的时候，这个企业必然会走下坡路。

需要强调的是，"和"意味着与人为善，但并不意味着"和稀泥"，时时处处充当"老好人"，彻底放弃原则性。在回答子路的问题——什么是"强"时，孔子指出，"强"的标志之一就是"和而不流"（《中庸》第十章），亦即君子能够与人和谐共处，但绝不随波逐流。

在一些企业中，为了追求表面上的"和"，即便问题层出不穷，管理者也可能"睁一只眼闭一只眼"，弃规章制度于不顾；或者，当周围的同事做出一些出格的举动时，一些人觉得自己如果不参与其中的话，就是与大家划清界限，所以自甘堕落。但如果任此类现象持续下去的话，企业内必然正气日衰、邪气日长，最终危及企业的生存和发展。

对于每一位管理者而言，"和而不流"应成为他们的修身准则。"和"是管理者积累人脉、提高声誉的基础，而"不流"则是管理者避免道德沦丧、防止意志堕落的手段。只有这样，他们的管理工作才能游刃有余，事业才能蒸蒸日上。

对于整个企业管理层而言，应该努力创造一种既和谐相处又不失监督、既相互协作又公平竞争的良好环境。企业内部的和谐应该是在内控机制完备的前提下，部门之间、员工之间密切合作，是包含能力、业绩公平竞争的融洽共处，而不是员工之间相互排挤、倾轧，也不是员工之间相互纵容、包庇。这样的和谐既能形成强大的凝聚力，又有助于造就人人力争上游的健康风气。

心和见异

三国时期魏国玄学家何晏对孔子"君子和而不同，小人同而不和"的解释是："君子心和，然其所见各异，故曰不同；小人所嗜好者同，然各争利，故曰不和。"（《论语集解》）意思是，君子由于内心追求和谐，但其认识见解各异，因此称为"不同"；而小人虽然嗜好相同，但因为大家都喜欢争私利，必然引起冲突，因此称为"不和"。无论是一个企业，还是一个团队，要真正实现"和而不同"，需要深刻地理解"和"与"不同"的关系。正是因为不同个体之间具有异质性基础，才使得群体能够产生协作效率和竞争能力。一家竞争力很强的企业或一个卓有成效的团队，应该是一个集"和"与"不同"于一身的完美的对立统一体。哪家企业或哪个团队真正实现了这种融合，就具有了攻无不克的战斗力。

1. 同则不继

在"和"的基础上，有价值的个体必须体现出自己的独到之处，即所谓的"不同"，否则，只能是单一性的简单同一，最终只能形成

"同则不继"的情形。

有这样一则轶事,在日本有家动物园,有位饲养员非常喜欢干净,每天都将小动物居住的笼舍打扫得干干净净。但不幸的事情发生了,在这么干净的环境里,动物们却慢慢变得萎靡不振,有的厌食消瘦,有的开始生病,有的甚至死亡。原来,不同动物的习性各不相同,有的动物喜欢混浊的气味,有的甚至会因为看不到自己排泄的粪便而感到不安全,单一性的环境对这些动物所造成的不良影响也就可想而知了。

可见,自然界的和谐发展建立在生物多样性与环境异质性的基础之上。对于企业这个社会有机体来说,可持续发展也必须建立在员工异质性的基础之上。有效的管理包容、允许进而鼓励个体之间的差异性。否则,如果一味追求所谓的"同",强求统一,无视个体之间的差异性,这样的企业必然会因为失去活力而最终被市场淘汰出局。

"和"是终极的追求,即人心所向、目标一致;"不同"是具体的手段,实现目标的途径可以是多种多样的。在人心齐、目标统一的前提条件下,异质性能够带来效率的提升。相反,如果每个人的知识、能力、思维习惯、行为方式等雷同,即便人心再齐,也会由于某个"短板"的出现而影响整体的协作效率。

2. 取长补短

异质性构成有效协作、合理分工的基础。墨子曾形象地说明基于异质性所带来的效率提升问题："譬若筑墙然，能筑者筑，能实壤者实壤，能欣者欣，然后墙成也。"（《墨子·耕柱》）做任何事情就像修筑一堵城墙，能筑的人筑，能填土的人填土，能挖土的人挖土，这样城墙才能筑成，协作带来了高效率。

清代诗人顾嗣协在《杂兴》一诗中写道："骏马能历险，犁田不如牛；坚车能载重，渡河不如舟。"也正如俗话所说的那样，"金无足赤，人无完人"，人各有所长，亦各有所短，只有取长补短，相互协作，密切配合，才能提高效率，协作实现经济学所说的帕累托改进。是否认识到人与人之间的这种互补性，并在互补的基础上大力开展协作，能够形成大相径庭的效率差别。在企业中，人员配备的异质性是取长补短的前提条件，合理搭配班子、组建团队对于企业的成功非常关键。

团队工作法是对传统职能管理导向的工作方式的打破。在企业中，职能部门最显著的外在特征是追求"同"，即所谓的"物以类聚，人以群分"（《战国策·齐策三》），财务部门是财务专家的集合，市场营销部门的员工则擅长与顾客打交道……而团队最显著的外在特征则是存异，即追求"不同"，主张将具有不同背景、经历、专长、个性等的成员集合在一起，以便形成强大的合力。优秀的足球队、配合默契的乐团是团队异质性的生动写照。一支足球队的所向披靡，需要前锋、中场、后卫、守门员、教练的密切协作，各有侧重，互有分工。一场宏大、动听的交响乐，需要十几种乃至几十种不同乐器的紧密配合，各奏其乐，各发其声。没有完美的个人，却有完美的团队，异质性能够确保团队成员之间的取长补短。由于团队成员各有所长，能够将团队这一"木桶"的"短板"补齐，使团队产生强大的能量。

"瞎子背瘸子"的故事是这种互补性的生动体现。毫无疑问，无论是瞎子还是瘸子，都存在很大的生理缺陷。瞎子辨别不清方向，如果独自行动，可能走错方向，也可能被什么东西绊倒；瘸子虽然能够辨清东南西北，但却因为腿脚不好，难以向目标迈进。而如果让瞎子背上瘸子，由瘸子指挥路，由瞎子出脚力，问题则迎刃而解。

从这个角度而言，团队的"和"与"不同"应该是一个对立的有机统一体。不讲究"和"，则异质性的团队成员可能各行其是，无法形成合力；而缺失"不同"，则即便大家目标一致，但由于缺乏特点各异的成员的紧密配合，也可能功亏一篑。就像一支足球队一样，前锋、中场、后卫即便再强大，但如果守门员不称职，球门洞开，也会以失败而告终。"和"是目标，是基础；"不同"是手段，是策略。优秀的团队应该努力在"和"与"不同"之间实现平衡。

在人员配置上，需要注意让不同的人在知识与能力方面实现互补。此时，其教育背景、从业经历等就成为重要的考察变量。比如，在企业的高层管理团队中，有人擅长把握企业的战略方向，有人擅长协调各方面的关系，有人擅长生产运营管理，有人擅长市场开拓，有人擅长主持技术攻关，"八仙过海，各显神通"，这样的企业自然能蒸蒸日上。

在人员配置上，需要注意让不同的人在性格特点方面实现互补。唐太宗李世民之所以能够成为一代明君，成就丰功伟绩，与他的两个得力助手——尚书左仆射房玄龄和尚书右仆射杜如晦的精心辅助有着直接的关系。据《旧唐书》记载，唐朝建立不久，百废待兴，尤其是法制方面有待健全。在唐太宗商量国事时，房玄龄能够提出非常精辟的意见和具体的解决办法，但是往往难以在各种方案中做出选择。此时，唐太宗往往将杜如晦请来。杜如晦对问题略加分析，就能肯定或否定房玄龄的意见，选择一个合适的方案，成就了"房谋杜断"的历史佳话。

在企业界，存在一个很有意思的现象，但凡得力干将与老板的性格相似的，企业往往问题比较多，而性格具有互补特点的，企业往往比较健康。因此，一个感性的老板适合找一个理性的总裁；一个注重长期规划决策的董事长，需要配备一个执行力很强的总经理。但遗憾的是，许多企业家在用人时往往倾向于重用与自己性格类似的人，结果却遭遇了很多麻烦。

在人员配置上，还需要注意让不同的人在年龄构成方面实现互补。明太祖朱元璋早在即位之前，就敕谕中书省臣：郡县官员如果年龄达到50岁以上者，虽然练达政事，但却精力衰减，宜选拔年龄在25岁以上、资质聪明、有学识才干的年轻人，去辅助他们；10年之后，一旦年长者退休，年轻人已经历练成熟，就可以顺利完成交接班的过程。

在这个问题上，许多企业做得并不到位。比如，有一家大型企业，所有管理层成员都处于55～58岁之间，不仅年龄层次老化，而且更糟糕的是，缺乏明显的后续梯队，容易导致企业在权力交接中发生动荡。而另外一家大型企业，高层管理者大多处于40～45岁之间，其管理团队年轻化的趋势固然值得赞赏，但不巧的是，大多数中层管理者也处于40～45岁之间，与高层管理者几乎没有什么区别，因此，这些中层管理者普遍认为自己的职业发展路径受阻，导致整个企业士气低下。

除了具有取长补短的功效，异质性还有助于促进创新和防范风险。正所谓"三个臭皮匠顶一个诸葛亮"，由阅历各异、特点不同的成员组成的团队，能够形成多维度的思维视角，通过采用头脑风暴法，激荡出许多新的创意，打破常规的思维方式，有助于企业创新的实现。特别是在高度不确定性的环境中，企业高层管理团队的异质性能够增强战略重新定位的灵活性，对团队绩效具有积极的作用。由于不同的团队成员从不同的视角思考同一个问题，还可以避免极端、偏激观点的出现。否则，思维的趋同很容易造成决策时"钻牛角尖"。

发而中节

异质性效用的发挥，不仅要求不同的人努力贡献自己不同的能力，也要求不同的人能够充分将自己不同的意见表达出来。优秀的企业家懂得并善于听取员工各方面的意见，不会因为别人说了不中听的话而怨恨对方。更重要的是，他们能够创造一种宽松、容许别人发表不同意见的企业环境。而平庸的管理者只希望听到一种声音，他们把别人附和自己的观点看成是权威的具体体现，满足于沉浸在"一言堂"所带来的"成就感"之中，但恰恰是这种"一言堂"所带来的表面的"和"最终让很多企业走上了"不归路"。

曾任福特、克莱斯勒等公司 CEO 的艾柯卡尖锐地指出了这方面的危害：所有的公司总裁都应当对只满足于一种观点的现象而忧虑，如果没有观点上的不同以及公开对这些不同现实的建设性表达，那么一家企业就可能被引向很多错误的决定。只告诉公司总裁他想听的东西，当着他的面从来没有不同意见，这才是真正的危险。因此，许多公司鼓励企业中建设性冲突的存在。索尼的创始人盛田昭夫认为，不同意见越多越好，因为它带来的最终结论更为高明，会减少公司犯错误的风险。杰克·韦尔奇倡导建设性冲突的开放式辩论。戴尔电脑的创始人迈克尔·戴尔（Michael Dell）也坚决主张：不要粉饰太平。

华为的崛起与其战略与发展委员会下设的蓝军参谋部有很大的关系。蓝军参谋部的职责是：站在华为主要竞争对手的立场，思考如何打败华为。华为的领军人物任正非强调："想要升官，先到蓝军去……你都不知道如何打败华为，说明你已经到天花板了。"他希望以这种特殊的"自我批判"方式，为公司的发展提供更有建设性的决策思路。

那么，怎样才能有效地鼓励这种建设性冲突，并让它保持在健康、有序的状态之下呢？回过头来，还得求助于"和"。

一方面，"和"表现在建设性冲突的表达方式上。正所谓"喜怒哀乐之未发，谓之中；发而皆中节，谓之和。"（《中庸》第一章）意即如果人们的喜怒哀乐没有表现出来，就叫做"中"；而一旦表露出来但却符合常理，就叫做"和"。"发而中节"是建设性冲突在企业里良性发展的基础，也就是说，建设性冲突应讲究"对事不对人"。因此，在提出不同意见时，要以尊重对方的人格为前提。而要做到尊重，先要进行充分的沟通和了解。这样，不同的意见才能充分表达出来，在此基础上，从中选择出最有效的解决问题的方案。唯其如此，才能达到当代著名社会学家费孝通在其80岁寿辰上所提出的16字箴言的境界："各美其美，美人之美，美美与共，天下大同。"

另一方面，"和"表现为建设性冲突应强化统一的目标导向。对于异质性团队成员而言，必须强化其目标导向，确立共同的愿景，指明努力的方向。而这又需要有正确的团队领导，或者更准确地说，需要有一个称职的团队"教练"。反复地倡导协作的意识，不断地沟通共同的目标，自觉地训练合作的技巧，这是一个团队领导者的核心工作。就像优秀的乐队离不开优秀的指挥一样，优秀的企业高层管理团队也离不开一个具有人格魅力的领军人物。

第 8 章 / Chapter Eight

任人者逸：分工授权

人法地，地法天，天法道，道法自然。

——《老子》第二十五章

吾任天下之智力，以道御之，无所不可。

——《三国志·吾如书·武帝纪》

"无为而治"是道家最基本的价值主张，老子认为，圣人追求"我无为而民自化，我好静而民自正，我无事而民自富，我无欲而民自朴"（《老子》第五十七章）的境界。尽管他无为，但民心自然归化；他好静，但民风自然匡正；他无事，但民间自然富有；他无欲，但民性自然纯朴。《吕氏春秋·察贤》中记载，子贱和巫马期先后担任单父的父母官，两个人都把这个地方治理得井井有条。在任期内，子贱每天只是弹琴，从不上公堂，而巫马期每天都披星戴月，忙得不亦乐乎。于是，巫马期向子贱取经，得到的回答是："我之谓任人，子之谓任力。任力者劳，任人者逸。"正因为此，子贱的老师——孔子对他的评价非常之高——

"君子哉若人"(《论语·公冶长》)。子贱之所以能够很潇洒地做官,就在于他能够"任人",学会了分工授权,而不是"任力",只知道事必躬亲,亲自冲锋陷阵。"无为而治"是一种高明的管理艺术,管理者通过有效授权,能够在企业中形成浑然天成的向心力、各在其位的秩序感、井然有序的分工协作意识,使管理工作取得斐然的绩效。

无为而治

老子明确提出了领导者的四重境界,即"太上,下知有之。其次,亲之誉之。其次,畏之。其次,侮之。"(《老子》第十七章)最高明的领导者,人们只是知道有这个人存在;次一等的领导者,赢得人们的亲近和赞誉;再次一等的领导者,使人们感到畏惧;最不高明的领导者,遭到人们的侮辱和蔑视。"无为而治"并非消极、偷懒的管理方法,而是"无为故无败"(《老子》第六十四章)的积极进取的管理方法,具有"四两拨千斤"的功效。

1. 无为而无不为

汉惠帝刘盈是汉代开国皇帝——刘邦的嫡长子,也是西汉的第二位皇帝。他17岁时继位,到24岁时病逝,在位7年,尽管时间不长，但在汉代发展进程中起到了承上启下的重要作用。他任用曹参为丞相，施行仁政，轻徭薄赋，为后来的文景之治奠定了坚实的基础。

《史记·曹相国世家》中记载，汉惠帝即位不久，看到丞相曹参似乎整天无所事事，心中十分着急，便打发曹参的儿子、在朝廷中担任中大夫的曹窋私下里去探问究竟，不想曹窋却遭到父亲的责打。曹窋垂头丧气地回到宫中，向汉惠帝大诉委曲。

汉惠帝对曹参大发脾气大为不解，第二天下朝后便将曹参单独留下，责备他道："你为何要责打曹窋呢？他说的那番话是我的意思啊！"曹参听了汉惠帝的话，立即摘下帽子，叩头谢罪。汉惠帝叫他起来，有话直说。曹参于是问汉惠帝："请问陛下，您跟先帝相比，谁更加贤明英武呢？""我怎么能和先帝相提并论呢？"汉惠帝回答道。"陛下看我的德才跟萧何相国相比，谁更强一些呢？"曹参接着问道。"我看你好像不如萧相国。"汉惠帝笑着回答。曹参接着对汉惠帝说道："陛下，既然您的贤能不如先帝，我的德才又比不上萧相国，而先帝与萧相国在统一天下后所制定的法令执行起来都卓有成效，难道我们还能制定出更好的法令吗？我们现在只要照章办事不就好了吗？"

曹参担任丞相三年，沿袭了萧何清静无为、休养生息的政策，使西汉社会稳定、民心安定，留下了一段"萧规曹随"的历史佳话。

《史记》

西汉历史学家司马迁（公元前145年—公元前90年）主持编写的中国历史上第一部纪传体通史，详细记载了从黄帝时期直到西汉武帝太初年间3 000多年的历史。全书分为本纪、表、书、世家、列传五部分，共52万余字。该书文字优美，引人入胜，被鲁迅誉为"史家之绝唱，无韵之《离骚》"。

这正应验了老子的观点："道常无为而无不为。"（《老子》第三十七章）意思是，道通常看起来是无所作为的样子，但实际上没有一件事物不是它成就的。事实上，"无为而治"的思想不能只关注"无为"两个字，"无为"只是手段，紧随其后的是"治"，而"治"便是"有为"，或者说"无不为"。亦即，"无为"的终极目的在于达到一个"无不为"的理想"治世"。

在企业里面，我们可以看到许多喜欢到处指手画脚、发号施令的管理者，他们压根不管这是不是自己的职权范围，也不管这样的工作方式下属能不能接受，这样的人必然遭到员工的嫉恨；有些管理者让员工感到畏惧，当他们在场的时候，秩序一片井然，但问题是，他们前腿一走，则又是另一番景象；有些管理者让人们心服口服，具有很好的口碑，但一旦这些"能人"由于某种原因离开了，企业可能很快就止步不前；如此说来，最理想的管理者还是那些"下知有之"的管理者，他们似乎无所作为，但由于他们已经创造了良好的企业氛围，确定了符合企业发展的努力方向，建立了完善的管理制度，因此，一切都按照他们的预期发展。这些人不插手员工的具体工作，但一切又都水到渠成。

2. 道法自然

《老子》第二十五章写道："人法地，地法天，天法道，道法自然。"在这里，"法"是动词，意为效法，人要效法地，地则效法天，天则效法道，而道有其自身的运行规律。"道法自然"是"无为而治"的思想基础，只有顺应天道，符合民性，顺其自然，才能真正做到"无为而治"。可见，"无为"不是毫无作为，而只是让天道和民性自然而然地发挥作用。因此，管理者要想达到"治"的目的，首先要认识到何为天道，何为民性。

丁谓"一举三得"的做法是顺应天道的典型事例。据《梦溪笔谈》记载，宋真宗祥符年间，一场大火烧毁宫中许多殿堂，皇上任命丁谓主持宫殿的修复工作。由于取土的地方太远，丁谓便下令挖道路取土。很快，道路变成大沟，丁谓又下令将汴水引入沟中，用竹筏和船只来运送各地征集来的各种建筑材料。待宫殿修复完工之后，丁谓又下令将破损的瓦砾及泥土重新填入沟中，大沟又变成了街道。沈括赞誉丁谓的做法是"一举而三役济"，此举不仅加快了工期，而且节省了费用。丁谓远近统筹的做法是对自然规律深入把握的结果。

孔子所强调的"因民之所利而利之"(《论语·尧曰》)则是符合民性的做法。好利恶害是人的本性,有鉴于此,企业领导者需要在企业内部创造企业利益与员工利益的联动机制,让员工在自觉追求自身利益的过程中,不断地为企业创造价值。企业领导者应该努力将企业塑造成一个生命有机体,倡导、追求、建立各种有机秩序,形成一种和谐的气场,最终促成不言利而利自来的良好局面。只有在充分了解员工的真实需求后,才能真正想员工之所想,急员工之所急,促成上下一心、不令而行的大同景象。

3. 不为而后有为

"有为"和"无为"是相对的。过度的作为只会耗神费力,而平均分配资源和精力的做法不仅让自己疲于奔命,而且最终效果也必定不理想;纯粹的不作为是懒惰的表现,只想着"天上掉馅饼",结局只能是一事无成。二者殊途同归。

孟子说:"人有不为也,而后可以有为。"(《孟子·离娄下》)意思是,人要有所不为,之后才能有所作为。如此说来,"无为"是"有为"的基础,一个人也好,一个企业也好,如果什么都去做,就什么都不会精,最后什么都做不好。孟子的这句话不仅是关乎个人事业发展的至理名言,也是关乎企业永续发展的至高准则。

资源稀缺是人类必须面对的现实,而使资源达到最大限度的利用是人们面对这一现实的理性选择。经济学关注的是整个社会的资源配置问题，管理学关注的是一个组织的资源配置问题，而每个人也需要努力促使自己所掌握的资源得到最有效的运用。无论是组织还是个人，都应该建立有效的甄别机制，基于资源稀缺的客观现实，确定哪些事情值得做并且应该做，哪些事情不值得做或不应该做，否则，"眉毛胡子一把抓"，必然是事倍功半，效果非常糟糕。

管理者应该牢牢地把握自己的选择权。企业战略方向的确定和坚持，意味着企业在抓住机会的同时，抵御住了诱惑；管理者不去做某些事情，是因为他希望把另外一些事情做得更好；而个人职业生涯的抉择，则是在漫漫的人生之旅上，放弃那些不适合自己的发展道路，选择与自己相匹配的发展路径。管理者应该牢记，忙与乱经常是相伴而生的，忙得过头了，往往容易出乱子。

抽身谋大计

既然"无为而治"并不等于毫无作为，就需要管理者对所面临的事情做出理性的区分，有效地实现"抓大放小"，真正做到"抽身谋大计"。而且，优秀的管理者懂得适当给自己留出一片清静无为的思考空间。

1. 大事有为，小事无为

老子说过："天下万物生于有，有生于无。"（《老子》第四十章）管理者想要干出一番成就，需要做到大事有为，小事无为。只有善于在小事上"无为"，才能在大事上更好地"有为"。

管理者有必要先界定清楚：何为大事，何为小事？但凡关系到发展方向、基础条件、重要决策、核心资源、关键流程等内容，具有雪中送炭功效的事情，就是管理者应该重视的大事；而涉及细枝末节、仅仅起锦上添花效果的事情，则是可以不予考虑或暂且搁置一边的小事。

毛泽东曾经说："领导者的责任，归结起来，主要是出主意、用干部两件事。一切计划、决议、命令、批示等等，都属于'出主意'一类。使这一切主意之实行，必须团结干部，推动他们去做，属于'用干部'一类。"[①] 这也就是毛泽东常说的抓住主要矛盾和矛盾的主要环节，一切问题皆迎刃而解。

聪明的高层管理者是不会因为琐事干扰而分心的。对于任何一个组织而言，关键问题永远都是少数，而如何在一大堆的问题中找出关键问题或问题的核心节点，是管理者的必备素质。学会抓大放小，工作效率就高，工作效果就好；而不会抓大放小，则只有苦劳，

---

① 《毛泽东选集》，第 2 卷，527 页，北京，人民出版社，1991。

而没有功劳。

通用电气前 CEO 杰克·韦尔奇总结出这样的管理经验："我整天没有做几件事，但有一件事是做不完的，那就是规划未来。"甚至他明确地提出："管得少，就是管得好！"当企业达到一定的规模之后，高层管理者应清楚地确定自己的定位：他们是"教练员"，而不是"运动员"，应该致力于出谋划策，而不是冲锋陷阵；他们是"导演"，而不是"演员"，要让不同的员工扮演好自己的角色，而不需要事事亲力亲为。

日本管理学者占部都美把拘泥于小事的管理者分成五种类型，那些事必躬亲的管理者可以尝试着对号入座：其一，身居领导岗位却喜欢插手秘书职责的事务员型；其二，沉迷于各种会议、认为开会能解决一切问题的会议型；其三，喜好参加各种盛大的场面、热衷于迎来送往的礼仪型；其四，热衷于权力之争、派系斗争的政治斗争型；其五，逢人便提当年勇、沉溺于过去之辉煌的回顾型。

相关研究表明，在一家典型的公司中，高层管理者平均每个月用于讨论战略问题的时间只有 3 个小时，即便如此，这 3 个小时的时间也难以得到充分的运用，讨论漫无边际，无法形成有效的决策。

但这并不意味着，企业高层管理者每天的日子过得很悠闲，许多人每天都在超负荷地工作，片刻不得空闲。但正所谓"当局者迷"，超负荷工作的企业领导者反而容易迷失方向。因此，柳传志反复强调要"站出画外看画"：看一幅油画的时候，离得很近，黑和白是什么意思都不清楚；退得远一点，知道黑是为了衬托白；再远一点，才能明白整幅画的意思。

由于每天的时间上限是既定的，再扣除必要的吃饭、睡觉、休息时间，要想让可支配的工作时间发挥最大的效用，管理者需要对日程安排进行必要的取舍。如果什么都想去做，就可能什么都做不好。太过拘泥，就无法超脱，导致方向不明、道路不清。

2. 大事清楚，小事糊涂

吕端系北宋名臣，在太宗、真宗两朝为相，后人对他的评价是："吕端大事不糊涂。"据《宋史》记载，在立吕端为相前，太宗赵光义曾与当时的宰相吕蒙正商议，吕蒙正认为吕端为人糊涂，不能任用为相。原来，吕端曾任蔡州知州，虽然将一个经历旱灾、水灾和蝗祸的百业凋敝之地治理成远近闻名的粮仓，但却传说他在蔡州常饮"状元红"，因不胜酒力，往往伏案酣睡，鼾声不绝。太宗的回答是，"端小事糊涂，大事不糊涂"，决心任用吕端为相。

吕端担任宰相之后，果然不负重托，屡屡在大是大非面前表现得非常有主见。在为相之后，吕端担心具有同样声望的名臣寇准心中不平，便奏请太宗，让身居参知政事的寇准与他同到政事堂议事，得到太宗的应允。在他入相后不久，叛军李继迁的母亲被宋朝军队抓获，太宗想杀掉她，以示惩戒。吕端立即上奏太宗：如果杀了李继迁的母亲，将更加坚定他的反叛之心，不如将他的母亲妥善安置赡养，以便招降李继迁；即使他不投降，其母的生死系于官军之手，也好牵制他。太宗听罢连声称好。后来，李继迁的母亲病死在延州，李继迁不顾自己的性命前来奔丧，被俘后其子纳款请命，一场暴乱就此得以平息。

高层管理者应该学一学吕端的处事之道，大事清楚，小事糊涂，对原则性问题要有准则，当仁不让，而对不关乎原则的小事情，则不必太过认真。但可惜的是，许多管理者由于太过精明，什么事情都瞒不过他们的眼睛，结果，过于斤斤计较的脾性不仅破坏了整个企业的氛围，而且让管理者自己劳神费力。

3. 大处着眼，小处着手

一方面，由于受到时间、精力、资源的限制，管理者应该"抽身谋大计"；另一方面，"细节决定成败"，可能因为一个小小的疏忽而对企业造成不可估量的损失。

张瑞敏曾经说过："什么叫做不简单？能够把简单的事情天天做好就是不简单。什么叫做不容易？大家公认的非常容易的事情，非常认真地做好它，就是不容易。"成功的企业与失败的企业之间的差距，往往是从一个小小的分野开始的。而海尔集团的崛起，正是从"不许在车间内大小便"这样最基本、最简单的细节开始，经由6S管理、OEC管理这样的细节管理而逐渐得以实现的。

以英国糖果和饮料业巨头——吉百利史威士公司为例，公司只是对高层会议做了两项很小的改动：第一，要求所有的会议材料至少在开会前5天分发给所有的与会人员,让他们能尽早熟悉相关会议的内容;第二,在会议材料上加了一个标准的封面,注明会议的目的到底是分享信息还是实施决策,从而为标明需要决策的议题留出更多的时间,大大提高了决策的质量和速度。

有这么一件轶事,国民党元老于右任是位大书法家,书法古朴大方,人们以得到他的一幅墨宝为荣。某君酷爱于右任的书法,一次聚会,未邀而至,向于右任索字,于右任被缠不过,展纸挥毫,出人意料地写下了"不可随处小便",想奚落一下该君,写完之后飘然而去。未想几天之后,该君家的中堂就挂出了于右任一幅功力深厚的书法作品,一下子蓬荜生辉。原来"不可随处小便"六个字经重新组合,装裱一新,变成了"小处不可随便"的警世格言。这简简单单的一番改造,道出了许多成功人士和成功企业的心声。

但有意思的是,在一些人、一些企业不关注细节,致使执行力非常弱的同时,另一些人、一些企业却陷入了细节关注过度的怪圈。

过度关注细节,很容易导致"只见树木,不见森林"的现象。联合国前秘书长安南(Kofi A. Annan)上学时,老师指着一张涂有一个小黑点的白纸问同学们:"你们看到了什么?"同学们纷纷说:"一个小黑点。"老师纠正道:"同学们,你们错了,这首先是一张大白纸。"对偌大的一张白纸视而不见,唯独盯着那么一个小黑点。对于许多企业而言,何尝不是如此?首先是战略问题,其次才是细节问题;首先是要确认"做正确的事",其次才是"正确地做事"。如果只关注细节而忽视战略,方向错了,细节再完美也无济于事。此时，在细节上下的工夫越大，企业浪费的资源就越多，危害也越大。

过度关注细节，也很容易贻误战机。正如《圣经》所说，射出去的箭、说出去的话、失去的机会是追不回来的。在竞争中，为了抢占先机，需要企业领导者具备一定的冒险精神。关注所有的细节，等待事态逐渐明朗，固然可以做到信息充分、决策有根有据，但此时的决策却因为错过了最佳时机而失去了意义。在这种情形下，决策的依据与其固守泰罗所提出的"最优标准"，不如转而采用西蒙（Herbert A. Simon）所主张的"满意标准"。

更为严重的是，过度关注细节，还可能耗尽一个人的时间和精力，耗干一个企业的资源。许多企业的高层管理者凡事喜欢身先士卒，不但弄得自己筋疲力尽，荒废了自己的"责任田"，也侵犯了下属的"自留地"。而整个企业对所有细节的关注，则意味着对资源实施"撒胡椒面"式的策略，在资源稀缺规律的作用下，这种平均用力的做法，只能导致不分主次地做事情，结果是什么也做不好。

"抽身谋大计"很有必要，"细节决定成败"也有道理，不同的视角导致截然对立的观点。如何才能打破这种两难处境？答案在于，对细节进行有效的区分，只有那些关键性细节，或者说战略性细节才决定着成败，才应该引起高度的关注。那么，什么才构成企业的关键性细节呢？从"丙吉问牛"的典故中，管理者可以很好地体会到关键性细节的真正内涵。

《汉书》中记载，汉宣帝时期，丙吉担任丞相。有一次，丙吉外出，在京城的郊区遇到有人打架斗殴，死伤的人横陈路上，丙吉催促随从继续赶路,不闻不问。再往前走,丙吉看见有人赶着牛,牛吐着舌头直喘粗气,便让人停下车子,问道:"牛走几里地了?"随行的人觉得丞相的做法不妥当,打架斗殴不去管,偏偏去过问牛喘粗气的事情,很是不解。丙吉解释道:"现在还是春天,天气还不应当很热,我担心牛行走不远却因暑热而喘粗气,这意味着节令失调,可能会危害全国百姓的生活。关系到百姓的事情是大事情,是丞相分内的职责,因而过问此事。而打架斗殴,死伤了人,这是长安令、京兆尹的职责范围,应当由他们来管,不需要丞相亲自过问。"

表面上看,牛喘粗气只是一个细节,但古代社会属于农耕社会,农业一旦遇灾荒而欠收,就可能导致百姓流离失所、整个社会不安定,因此,这种具有例外特点的细节构成关键性细节,应当给予大力关注;而打架斗殴表面上看似乎是大事情,但它恰恰属于不应该投入精力的日常事务。遗憾的是,今天的企业领导者却将太多的时间、精力、资源花在了后一类事情上,它们表面上看起来轰轰烈烈,但实际上却并不需要引起太多的关注;而对于前一类事情却可能不闻不问,最终可能酿成大祸。

因此,管理者应该学会大处着眼,小处着手,既需要有敏锐的嗅觉,善于从一大堆看似鸡毛蒜皮的小事中找到关键性细节,又需要有高超的解决问题的能力,善于在未然状态之下解决问题,而不至于因一时疏忽而抱憾终生。正如管理学者弗雷德里克·格鲁克(Frederick Gluck)所说:"战略家要在所获信息的广度和深度之间做出某种权衡。他就像一只在捉兔子的鹰,鹰必须飞得足够高,才能以广阔的视野发现猎物，同时它又必须飞得足够低，以便看清细节，瞄准目标并进行攻击。"

战略性细节还具有枢纽地位。这种细节可能牵一发而动全身，对企业的业绩和竞争力产生重大的影响。英国有一首童谣唱道："失了一个铁钉，丢了一只马掌；丢了一只马掌，倒了一匹战马；倒了一匹战马，丢了一位国王；丢了一位国王，输了一场战争；输了一场战争，亡了一个帝国。"这很能说明这种枢纽地位。原来，1485年，英王理查三世就是这样在波斯沃斯战役中惨遭俘虏，而败给了里奇蒙德伯爵所带领的军队，从而失去了整个英国。战前，由于少了一个铁钉，导致马夫在给查理三世的战马钉马掌时，有一只马掌没有钉牢。在战场上，由于马失前蹄，国王被摔下马背，最终被敌人生擒。一个王国就这样亡在一个铁钉之上。在企业管理中，一定要当心这样的枢纽型细节。

因此，找准了关键性细节，战略和细节之间就不再相互割裂。从大处着眼的角度而言，企业要从战略的高度，区分哪些细节是战略性的，哪些细节是非战略性的；从小处着手的角度而言，前者丝毫马虎不得，需要立即予以解决，而后者可以暂时缓一缓。在企业资源相对有限的情况下，那些重要性很高、绩效却反而很糟糕的细节就构成关键性细节，应该成为企业关注的焦点。

君逸臣劳

韩非子基于老子"无为而治"的思想,提出了君无为而臣有为的管理理念。他指出,君主应虚静无为,不要轻易表露自己的真实意图,这样,就不会受制于臣子;君主将各种事情交代给臣子去办,办得好,就给予奖励,办不好,则严加惩罚。唯其如此,才能形成"臣有其劳,君有其成功"(《韩非子·主道》)的良好局面。这是贤明的君主御臣之道。尽管韩非子的上述管理思想具有玩弄权术、耍心眼的一面,但对于今天的企业管理者而言,要做到大事有为,小事无为,就必须让别人为自己所用,形成"君逸臣劳"的管理机制,也就是《慎子·民杂》中所说的"君臣之道,臣事事而君无事,君逸乐而臣任劳"。当然,前提条件是,管理者应努力创造一种宽松融洽、上下齐心的企业氛围。

1. 君道无为

据《史记·淮阴侯列传》记载,汉朝的开国皇帝刘邦曾和韩信有这样一段对话,他问韩信:"如果让我带兵,能带多少兵呢?"韩信回答道:"陛下不过能带10万兵罢了。"刘邦又问:"那么,你能带多少兵呢?"韩信回答道:"臣带兵多多益善。"刘邦于是笑着问道："你带兵多多益善，为什么却甘心为我所用呢？"韩信回答说："陛下虽然不能带兵，但却擅长指挥将领，这是韩信之所以为陛下效劳的原因。"刘邦所打出的大汉江山有效地印证了"君逸臣劳国必兴"的古训。

与此形成鲜明反差的是明朝末代皇帝——崇祯帝朱由检。1644年，当李自成打进北京城的时候，34岁的崇祯在紫禁城后的煤山（今景山）上吊自杀，留下"朕非亡国之君，诸臣尽为亡国之臣"的遗憾。李自成的大顺军将崇祯与周皇后的尸棺停在东华门示众，后草草葬入田贵妃的墓穴之中，这就是今天位于北京昌平的明十三陵中的思陵。

崇祯于17岁时登基，即位后不久便诛杀了严重干预朝政的大宦官魏忠贤及其党羽，并为东林党人平反。崇祯处处以唐太宗为榜样，兢兢业业，勤勉节俭，希望励精图治，是明朝少有的勤政皇帝之一。崇祯八年、十四年、十五年、十七年，他曾四次下罪己诏，反省自己。崇祯甚至下旨停办江南织造，自己所用的器物大多是木器、铁器。

但崇祯时运不济，接手的是一个内外交困的烂摊子。由于深受魏忠贤"阉党"干政的影响，崇祯形成了多疑的性格。在当政的17年里，光是刑部尚书一职，崇祯就换了17人，而丞相更是换了50多人，而整个明朝的丞相也不过160多人，崇祯一朝就占大约1/3。尤其是在中了皇太极的"反间计"、错杀了有"晚明第一大将"之称的抗清将领袁崇焕之后，朝廷官员人人自危，无心履行自己分内的职责，最终导致崇祯众叛亲离。当李自成的大顺军即将进城之际，崇祯登上钟楼，鸣钟召集百官，竟无一人前来。"君劳臣逸国必亡"的古训在崇祯身上得到了验证。

以上两个历史人物从正反两方面阐释了《淮南子·主术训》的观点："故积力之所举，则无不胜也；众智之所为，则无不成也"，彰显了"君道无为"的重要性。曹操也表述过类似的观点："吾任天下之智力，以道御之，无所不可。"（《三国志·魏书·武帝纪》）而这正是他之所以成就霸业的基础。

如此看来，那些声称自己是世界上最忙的管理者的人，其下属可能是世界上最闲的下属。所谓"君道无为"，并非指居于上位者无所作为，在"无为"之前，他必须建立一套有效的求贤及任才机制。因此，管理者的当务之急就是：通过建立一个完善的分级管理体系，集众人之智，用众人之力，形成一种"君逸臣劳"的可喜景象。

2. 因资用能

如何才能做到君逸臣劳呢？管理者需要先将合适的人安排在合适的位置上，做到人尽其才，各得其所，这就是所谓的"因其资而用之"（《淮南子·主术训》）。

在总结自己之所以得天下、项羽之所以失天下的原因时，刘邦说道："夫运筹策帷帐之中，决胜于千里之外，吾不如子房。镇国家，抚百姓，给馈饷，不绝粮道，吾不如萧何。连百万之军，战必胜，攻必取，吾不如韩信。此三者，皆人杰也，吾能用之，此吾所以取天下也。项羽有一范增而不能用，此其所以为我擒也。"（《史记·高祖本纪》）这也就是韩信所谓的刘邦善于"将将"。通过将张良、萧何、韩信三位能人吸引到自己麾下，各用其长，由张良出谋划策，由萧何筹备粮草，由韩信带兵打仗，最终实力偏弱的刘邦反而战胜了实力远胜一筹的项羽。

毫无疑问，不同的人能力有大有小，资质有高有低，他们能否发挥出最大的效用，往往不在于他们自身，而在于管理者是否能各因其才。正如《文子·上礼》所言："知冬日之扇，夏日之裘，无用于己，万物变为尘垢矣。"在企业中，管理者能不能达到"用众能"的效果，前提条件是他能不能真正做到"因臣资"。

据《淮南子·道应训》记载，楚国将领子发喜好招徕各种有一技之长的能人。楚国有一擅长偷盗之人去见他，子发以宾客之礼相待，左右的人十分不解。没过多久，齐国进犯楚国，子发率军迎战，交战三次，都败下阵来。这时，"神偷"主动向子发请缨。在夜幕的掩护下，他将齐军主帅的睡帐偷了回来。子发派使者将睡帐交还齐军主帅，对他说："我们出去打柴的士兵捡到您的帷帐，特来奉还。"第二天晚上，"神偷"又潜入敌营，将齐军主帅的枕头偷来，子发仍旧派人送还。第三天晚上，"神偷"偷得齐军主帅头上的簪子，子发再次派人送还。齐军主帅甚为恐惧："如再不撤退，恐怕子发会派人取我人头了。"于是，齐军不战而退。

对于企业而言，可能也一样，没有毫无作为的下属，只有不能识才、不会用才的上级。员工看似毫不起眼的特点，在关键时刻，可能恰恰发挥"顶梁柱"的作用，派上大的用场。关键在于，是不是所有的管理者都能像子发那样，具有博大的胸怀，能够求贤若渴，并真正从心底里尊重每一位人才。

3. 臣道有为

有意思的是，在一些企业中，并不乏能人，却并没有带来应有的绩效，原因很简单，这些企业的管理者没有像子贱那样给所任之人充分授权。

拥有权力是管理者树立威信的基础，是有效管理的前提，拥有更多的权力是许多管理者追求的目标，甚至是某些管理者唯一的目标。所以，对权力高度重视成为许多管理者的自主意识，而不少管理者选择将权力牢牢地掌握在自己的手里，此时，向下属授权就成为一件非常痛苦的事情。而一旦下属缺乏必要的权力，也就无法去履行其应尽的职责。在企业中之所以出现大量高层管理者事必躬亲的现象，在很大程度上源于他们不肯轻易授权。但是，这些管理者不清楚的是，授权的过程就是授责的过程，一旦他们将权力紧紧地抓在手里，就意味着他们必须承担更大的责任，不肯授权必然会导致责任过度，而充分授权之后，固然是将某些权力交给了下属，但管理者此时却拥有了一种更为重要的权力——完成任务的权力。

过于相信自己，放心不下别人，经常粗鲁地干预下属的工作，这是管理者常犯的毛病。对于这些管理者而言，不妨想一想美国前总统罗斯福（Franklin D. Roosevelt）的管理之道："一位最佳的领导者是一位知人善任者。而在下属甘心从事其职务时，领导者要有约束力量，切不可插手干涉他们。"当然，对下属授权并不是毫无约束地授权，而是在制度的框架之下有限度、有监督地合理授权。

无之以为用

《老子》第十一章写道："三十辐共一毂，当其无，有车之用。埏埴以为器，当其无，有器之用。凿户牖以为室，当其无，有室之用。故有之以为利，无之以为用。"意思是说，30 根辐条安装在车轴穿过的圆木上，圆木有空的地方，才使得车可以行走，具备了价值；糅合黏土制成器皿，器皿上有空的地方，才能装东西；开门窗造房子，当中空的地方可放东西和住人，才能发挥房屋的作用。所以，"有"使万物有价值，而"无"使"有"发挥作用。可见，试图有所成就的人没有必要把自己的日程表安排得满满的，只有为自己留出清静无为的空间，才有思考的机会、腾挪的余地，从而才有发展的可能。

一天深夜，新西兰著名物理学家、现代核物理之父卢瑟福（Ernest Rutherford）发现一位学生仍在埋头做实验，便问道："上午你在做什么？"学生回答道："在做实验。""下午呢？""在做实验。"卢瑟福不禁皱起眉头，继续问道："那晚上呢？""还在做实验。"卢瑟福非常恼火，批评该学生道："你一天到晚都在做实验，什么时间来思考呢？"

然而，许多企业领导者却每天都忙得不可开交，出入于各种典礼、论坛、会场、谈判场所。即便是在宴席上觥筹交错，也是在为企业鞠躬尽瘁。如此费心尽力，既让人对他们为企业的奉献精神所感动，又让人感到颇为遗憾，因为他们缺乏有效的思考与学习的时间。

老子非常崇尚"归根曰静"（《老子》第十六章）的境界，"静为躁君"（《老子》第二十六章）是管理者提升修养的重要途径。也就是说，静是动的根本，如果企业领导者每天都忙忙碌碌、疲于奔命，未必是件好事情。一方面，他们可能因为过分拘泥于各种细节而使企业迷失方向；另一方面，他们可能透支知识，造成头脑中智慧源泉的枯竭。毫无疑问，激励下属、拜访客户、开拓市场、联络关系，均需要企业领导者出入各种热热闹闹的场合，是否能自如地驾驭这些场合凸显出企业领导人的水平和能力。但他们千万不要忘记，时不时地给自己留出一个独处的空间，以便创造一个思考与学习的良好环境。

管理者需要时不时地提醒自己：一段时间以来，自己是不是"有"太多了一些，而却忽略了"无"？不失时机地为自己创造"无为"的"虚境"，表面上看似远离主题，但却是思考、充电的重要途径，是为了日后创造出更加"有为"的"实境"。

根据管理大师彼得·德鲁克的观察，有效的管理者并不是一开始就着手开展工作，他们往往从时间安排上着手，时间管理体现的是工作重点。而管理大师哈罗德·孔茨（Harold Koontz）等人认为，无论对于企业的高层管理者，还是中层管理者或基层管理者来说，均需要具备四种管理技能：专业技能、人际交往技能、理性技能、设计技能。人际交往技能以及理性技能，即认识、分析、解决问题的技能对于任何管理层级都非常重要；但管理层级越低，越注重专业技能；管理层级越高，越强调设计技能，即规划决策技能（见图8—1）。这就意味着，高层管理者在时间安排上的取舍标准非常明确：抓大放小，就重避轻，树立起强烈的战略责任。

管理层级	技能结构要求			
高层	专业技能	人际交往技能	理性技能	设计技能
中层				
基层				

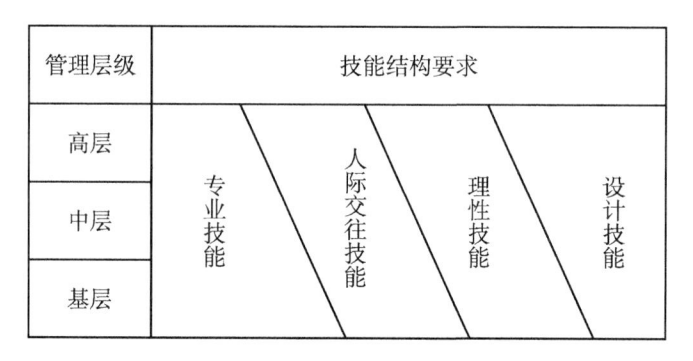

图8—1　不同管理层级的技能结构要求

早在20世纪70年代，以亨利·明茨伯格（Henry Mintzberg）为代表的经理角色学派就对企业经理的角色定位做了系统的梳理。明茨伯格界定了企业经理所承担的十种互相联系、不可分割的角色，这十种角色又可以分为三种不同的类型：在人际关系方面，承担挂名首脑、领导者、联络者三种角色；在信息处理方面，承担信息接收者、传播者、发言人三种角色；在决策方面，承担创新者、故障排除者、资源分配者、谈判者四种角色。作为战略管理者而言，主要应承担起创新者、资源分配者、领导者三种角色。

从高层管理者的战略定位而言，首先，他应该是一位出色的创新者。企业家的精髓就在于创新，这就要求企业的高层管理者迅速洞察环境中的各种变化，发现问题并寻找机会，进行创新性的决策，实现企业与环境的动态适应性。

其次，他应该是一位出色的资源分配者。企业中的资源包括人、财、物、信誉、时间等。在战略方向既定的条件下，高层管理者应致力于将各种资源配置到需要重点支持的业务领域，以促成战略的落地。作为资源分配者的高层管理者，首先应该分配好自己的时间资源，做时间管理的表率。

最后，他还应该是一位出色的领导者。缺乏好的战略，企业将无所适从；而缺乏强有力的战略实施，企业只能原地踏步。正如管理学者帕尔默（Parker J. Palmer）所言："领导是具有非凡权力的人，他能够运用这种权力创造一个其他人赖以生存、活动、发展的环境，这种环境可能像天堂一样光明，也可能像地狱一样黑暗。"在航向既定的情况下，企业这艘"大船"是否能够乘风破浪，就取决于所有员工是否齐心协力"划桨"。高层管理者只有巧妙地运用领导艺术，对下属进行有效的引导与激励，创造一种良好的工作气氛，才能推动美好的企业战略最终演变为客观现实。

对于高层管理者而言，在紧张的工作之余，泡上一杯清茶，在袅袅的雾气之中，安安静静地待上一两个小时，梳理一下最近一段时间以来自己的思想状况和企业的发展轨迹，可能要比每天都如箭在弦上效果要好得多。这是为什么日本一些大企业为其高层管理者设立静坐室的重要原因。

在企业的经营管理过程中，当遭遇重大的问题而百思不得其解的时候，企业领导者不妨从"迷局"中跳脱开来，以打破长时间过于专注某一方面的事情而导致的思维钝化，松弛一下紧张的神经。而如果能在这一过程中摆脱就事论事的格局，有意识地阅读一些经典的书籍，不断地拓宽自己的视野，不但可能形成"山重水复疑无路，柳暗花明又一村"（陆游：《游山西村》）的局面，而且可能达到"欲穷千里目，更上一层楼"（王之涣：《登鹳雀楼》）的境界。

第9章 / Chapter Nine

富贵敬誉：员工激励

富之，贵之，敬之，誉之。

——《墨子·尚贤上》

贤哉，回也！一箪食，一瓢饮，在陋巷，人不堪其忧，回也不改其乐。

——《论语·雍也》

关于如何留住并激励人才，墨子提出了四种基本的手段，即"富之，贵之，敬之，誉之"（《墨子·尚贤上》）。墨子所提出的激励手段与2 000多年以后的马斯洛需要层次理论有许多共通之处，尽管它无法严格地与马斯洛所提出的五个需要层次，即生理的需要、安全的需要、感情和归属的需要、地位和受人尊重的需要以及自我实现的需要建立直接的对应关系，但它所体现出来的激励思想，即激励手段应形式多样，而且应因地制宜、因时制宜地运用这些激励手段，同时，需要组合运用不同的激励手段，对于企业管理者具有直接的参考价值。

墨子（生卒年不详）

名翟，春秋末期战国初期宋国人，担任过宋国大夫，墨家学派创始人。墨家学说倡导"兼爱"、"节用"、"尚贤"等思想，在先秦时期具有非常大的影响力，当时与儒家并称为"显学"。由于墨子在几何、物理、光学等方面具有很高的建树，因此被后世尊称为"科圣"。其思想集中体现在《墨子》一书中。

富 之

在墨子之前，孔子已经明确提出了"富民"的思想，他指出："百姓足，君孰与不足？百姓不足，君孰与足？"（《论语·颜渊》）正是因为君主的宽裕建立在百姓宽裕的基础上，孔子呼吁君主必须充分考虑百姓的利益。《论语·子路》中记载，孔子曾去卫国，看到当时人口众多，弟子冉有便问他："既庶矣，又何加焉？"孔子答曰："富之。"在人口众多的情况下，让当地百姓都能富起来，这是孔子的心愿。

在回答子贡所提出的什么是"仁"的问题时，孔子强调"己欲立而立人，己欲达而达人"（《论语·雍也》）的主张，指出：如果自己想要有所作为，也要尽量让别人有所作为；如果自己想飞黄腾达，应该尽量让别人也飞黄腾达。孔子将子贡与他钟爱的另一个弟子颜回做了对比："回也其庶乎，屡空。赐不受命，而货殖焉，亿则屡中。"（《论语·先进》）大意是说，颜回的修养算是非常高了，却常常穷困潦倒。端木赐不安于命运，从事囤积贩卖却赚了大钱，且每次预测行情都很准。有效地平衡"己欲立"与"立人"、"己欲达"与"达人"之间的关系，在让别人有所立、有所达的同时，实现自己的飞黄腾达，是孔子对子贡的忠告，也是孔子身体力行的人生信条。这与《圣经·马太福音》中所记载的黄金法则"你希望别人怎么对待你，你就怎么对待别人"具有异曲同工的效果。

子贡（公元前520年—公元前456年）

复姓端木，名赐，字子贡，孔门十哲之一。子贡办事通达，善于雄辩，被鲁、卫等国聘为相辅，曾代表鲁国成功游说齐、吴、越、晋四国。同时，他还善于经商，深谙贱买贵卖之道。孔子死后，子贡为孔子守孝三年。今天人们所说的"儒商"一词就源于子贡。

毫无疑问，对于管理者而言，"经济人"是其最基本的人性假定，但问题是，这种利己的动机到底建立在什么样的基础之上。如果仅仅从零和博弈的视角出发，只想着按照什么样的比例切分"蛋

糕"，必然导致管理者与员工之间无谓的内耗，造成企业竞争力的衰退，最终使所有人的利益受损。只有从正数和博弈的角度出发，在"立人"、"达人"的同时实现"自立"、"自达"，才能将"蛋糕"做大，形成双赢乃至多赢的局面。

对于企业家而言，为了确保企业长期、稳定、健康的发展，需要具备分享意识。道理在于"惠则足以使人"（《论语·阳货》），只有让员工得到实惠，才能充分调动他们的积极性。员工与企业是一个命运共同体，把市场做大，是企业价值实现的体现；而让员工富足，则是让员工发自内心地为顾客服务、做大市场的前提。固然，企业家可以将到手的经营成果全部据为己有，但必然严重挫伤员工的士气，影响企业未来的经营成果。从本质上而言，"富之"是企业家以一定程度地放弃自己的部分短期利益为代价，为自己赢得更多的长期利益。

但令人惋惜的是，许多企业领导者并不是没有认识到这一点，但一旦面临将大量的"真金白银"拱手让人的时候，内心一时的不情愿就会迅速占据上风。所以，看一个企业是否具有可持续发展的潜力，一个可行的标准就是：员工的发展轨迹是否与企业的发展轨迹同步。对于企业家而言，"富之"的方式可以多种多样，短期方法有工资提升、福利改善、奖金等，长期方法有养老金计划、利润分享计划、员工持股计划、股票期权等，但他们必须不断地提醒自己：我们的员工在整个社会上是否能够体面地生活？与同行业的竞争对手相比，我们的薪酬是不是具有足够的激励性？

对于那些只知道自己发家致富、沉迷于奢华享乐、陶醉于大排场，而不关注员工生活境况的企业领导者来说，有必要想象一下这样的情境：1957年11月6日——惠普在纽约证券交易所上市的头一天，惠普的创始人戴维·普卡德（David Packard）乘坐地铁，去交易所敲响了开市钟。但这并不意味着普卡德是一个锱铢必较的人，与此形成鲜明反差的是：在惠普首次公开募股大获成功时，所有为惠普服务超过6个月的员工都获得了股票认购期权。其实，早在惠普成立后不久，普卡德就与另一位创始人比尔·惠利特（Bill Hewlett）达成了共识：所有的惠普员工都应该直接分享惠普未来的成功。对于普卡德来说，对交通工具不加选择的背后，是一位成就大事业的企业家朴实无华的平常心。

贵 之

"贵之"关注的是员工地位和受人尊重的需要，也就是说，管理层对员工是否给予足够的尊重，企业内部是否建立了公平合理的考核机制，职位的升迁任免是否公平，员工的升迁机会是否足够多。

尊重人才是吸引和留住人才的重要手段。《战国策·燕策》中记载，燕昭王是战国时期燕国的君主，他即位之初，由于内乱外患，燕国国力衰弱。于是，他决心招揽治国的人才，让燕国强大起来，击败乘人之危、攻占燕国的齐国。燕昭王找老臣郭隗出主意。郭隗告诉燕昭王，必须放下国君的架子，虚心求教，以贤者为师、为友、为臣，对国内的贤人亲自登门拜访，天下的贤人就会不召自来。燕昭王忙问："那应当先拜访谁呢？"

郭隗没有直接回答他的问题，而是讲了一个千里马的故事。以前有一位国君，想用1 000金求购千里马，但3年过去了，也没买到。宫中有个近侍自告奋勇去为国君买马，3个月后，他终于找到了千里马，可惜那匹马已经死了，他用500金买回那匹死马的骨头，回来向国君复命。国君怒斥道："我要的是活马，死马有何用？岂不白白扔掉了500金？"近侍胸有成竹地对国君说："死马尚且肯花500金，更何况活马呢？很快就会有人将千里马送来了。"不出一年，就有人送来3匹千里马。故事讲完，郭隗对燕昭王说道："如果大王真想广罗人才，请先从我开始吧。一个老臣尚能被重用，何况那些远胜我的人呢？"

于是，燕昭王专门为郭隗修建了豪宅，拜他为老师。消息一传开，贤人们纷纷从其他国家投奔燕国而来。当燕国殷实富足、国力强盛之后，燕昭王拜从魏国投奔来的乐毅为上将军，联合秦、楚、赵、魏、韩等国攻打齐国，大败齐军，终于得报大仇。燕国达到鼎盛时期。

在日常生活中，这样的情境也许并不陌生：丈夫对正在厨房炒菜的妻子唠叨个没完没了，妻子则反唇相讥："是我内行，还是你内行？"而丈夫的回答却大出妻子的意料："你现在应该知道，当我开车时，你在旁边喋喋不休带给我的感受了！"

以自我为中心是许多人与生俱来的天性，襁褓之中的婴儿哭着要奶吃，就是这种天性的极端表现。不可否认，对于企业管理者，尤其是成功的企业家而言，自我实现的内在需要成为他们不懈努力的驱动力。但管理者首先要管理的则是人，管理的本质在于：集众人之力，共同实现组织目标，而组织目标的实现又构成管理者个人自我实现的前提。在企业中，管理者要实现自己的目标，首先必须先满足别人，获得别人的信任与支持。事实上，如果说对人的管理有什么秘诀的话，那么，推己及人的移情作用应该算是其中最重要的一条。

正所谓"圣人无常心，以百姓心为心。"（《老子》第四十九章）意思是说，圣人没有永恒不变的想法，而是将老百姓的想法作为自己的想法。老子又说："非以其无私邪？故能成其私。"（《老子》第七章）圣人并非没有自己的私利，但正是因为他们的无私，反而成就了他们的私利。企业管理者应该效仿古代的圣人，善于换位思考，多从员工的角度来考虑问题，要知道让员工成长就是在帮助企业成长，员工都能成功才是企业家最大的成功。通用电气前CEO杰克·韦尔奇说过："在你成为领导之前，成功只同自己的成长有关。当你成为领导之后，成功都同别人的成功有关。"

然而，可悲的是，许多管理者远没有达到这样的境界，不自觉地陷入过分关注自我、考虑自我、表现自我的境地，说话、行事全然不顾下属和同事的感受，就像一条变色龙，怎么对自己合适就怎么做。但如果管理者只想着自己成功，从不关心下属和同事的成功，只是把下属和同事作为实现自己成功的工具，就很容易让人受到伤害，致使别人不愿意为他效力、与他合作，不利于在企业内部创造融洽、团结的工作氛围。管理者应逐渐给自己灌输"去我"意识，反反复复提醒自己：以自我为中心是企业管理的大忌，要学会"把自己当成别人，把别人当成自己"。当与下属或同事发生矛盾时，他们应该能站在对方的立场上来思考问题，通过找出对方关注的焦点以及对方的合理之处，提出双方都能接受且对企业有利的解决方案。

"贵之"还要求管理者建立一套完善的升迁任免机制，真正做到能者上、庸者下。为了组建一支高效的官吏队伍，清代的雍正皇帝要求百官举荐人才，选拔、任用了大批新人，遭到保守势力的反对，理由是：这些新人经验不足。对此，雍正援引古人的话说："未有学养子而后嫁者也。"（《大学》第十章）意思是说，没有一个姑娘是先学会养育孩子再去嫁人的，经验不足完全可以在实践中学习。对于企业管理层而言，如果能唯德、唯才是举，敢于破格提拔、任用新人，让大家感觉到有很大的升迁空间，就能够在企业中形成朝气蓬勃、欣欣向荣的景象。

敬 之

"敬之"关注的是员工感情和归属的需要。管理层在处理企业与员工的关系时，如果能恰如其分地将情感因素融入其中，就能够大大缩小与员工的心理距离，增强员工对企业的归属感。

在老板与员工、管理者与被管理者之间，需要养成相互关心、相互信任的习惯，需要具备对对方高度负责任的精神。正如松下幸之助所感悟到的："作为老板，如果公司规模很小，只有数十人，那只要率先垂范，做好表率，对员工用命令的口气说'你去做这个，你去做那个'，也许就可以把公司经营好。如果是成千上万名员工的公司，老板就要从心里发出请你做这个、请你做那个的请求。如果员工增加到一两万名，就要有拜托的心态了。如果再增加到五万或十万名，则必须用'双手合十，万事拜托'的心态了。"

在通用电气等西方大公司，从最高领导到各级主管都实行"门户开放"政策，欢迎员工随时进入他们的办公室反映情况。为了使公司更加像一个和睦、奋进的大家庭，从上到下都直呼其名，无尊卑之分，大家互相尊重，彼此信赖，人与人之间的关系十分融洽、亲切。

李嘉诚也精于此道。20世纪70年代后期，塑胶花生产已经过了黄金时期，利润微薄，但李嘉诚的企业却仍在生产塑胶花。而此时，地产经营却非常火爆，李嘉诚旗下的长江地产盈利十分可观。人们对李嘉诚仍不退出塑胶花业务大惑不解，李嘉诚给出的理由是：企业就像一个大家庭，员工是企业的功臣，塑胶花业务曾为企业的发展立下汗马功劳，现在这些员工年纪大了，企业应该负起照顾他们的义务。后来，有人提及此事，说"老板养活员工"，李嘉诚非常认真地纠正道："是员工养活老板，养活公司。"

如此看来，李嘉诚之所以能够驰骋商场，成为商界大亨，与他重视情感管理、与员工建立了共荣共生的关系密不可分。

誉 之

"誉之"关注的是适时给予员工荣誉感，激发员工自我实现的需要。尤其是随着知识经济时代的到来，许多知识型员工喜欢对工作拥有更多的主动权，希望工作具有挑战性，关注成就感，在做出工作成绩的同时实现自己的价值。因此，满足员工个人荣誉和自我实现的需要，为员工提供更多的发展机会，让他们觉得"英雄有用武之地"，能够达到很好的激励效果。

目前存在一种倾向，一些企业单纯依赖"富之"这一激励手段，而且主要是一些短期的物质激励手段，激励效果不甚理想，"人往高处走"的现象时有发生，员工流失率很高。鉴于此，有必要运用各种"誉之"的手段。在现代环境下，不是要不要"誉之"的问题，而是如何有效"誉之"的问题，即如何开创性地建立受员工青睐的荣誉体系，并让员工愿意为之努力奋斗。

在颜回13岁进入孔门时，孔子聚徒讲学已达13年之久，声名早已远播各诸侯国。刚入孔门时，颜回在诸弟子中年龄最小，加之性格忠厚、内向，有人便觉得他有些愚笨。事实上，颜回聪敏过人，加之又虚心好学，因此很快得到孔子学说的真传。孔子所倡导的"乐以忘忧"（《论语·述而》）的乐观精神，在颜回身上表现得非常突出。孔子对颜回的褒奖直接而热烈："贤哉，回也！一箪食，一瓢饮，在陋巷，人不堪其忧，回也不改其乐。贤哉，回也！"(《论语·雍也》)吃着一筐干饭，喝着一瓢白水，住在简陋的小巷里，别人无法忍受这种穷苦生活的忧愁，而颜回却从来都不改变他内心的快乐，难怪孔子反复对颜回称贤。不幸的是，天妒贤才，比孔子小30岁的颜回先于孔子离开了人世。孔子对颜回的早逝极为悲痛，哀叹道："噫！天丧予！天丧予！"(《论语·先进》)

颜子（公元前521年—公元前481年）

名回，字子渊，因此又被称为颜渊。在孔门3000弟子中，颜回可以说是孔子最为得意的学生。他素以德行著称，严格按照孔子有关仁与礼的要求行事。自汉代起，颜回被列为孔门72贤之首，有时皇帝在祭孔时，独以颜回配享。唐太宗尊称颜回为"先师"，唐玄宗尊称他为"兖公"，宋真宗加封他为"兖国公"，元文宗加封他为"兖国复圣公"，明嘉靖九年改称"复圣"。后世之所以给颜子以如此高的荣誉，原因在于：他是儒家德行修养的代表、好学乐道的典范。

颜回"不改其乐"的情怀对于今天有效开展激励同样重要。一个人快乐与否，完全取决于自己的价值取向。正所谓"兴趣是最好

的老师"，如果各个层级的员工做着自己想做的事情，努力实践自己的追求，即便整天辛辛苦苦、忙忙碌碌，也能乐在其中。

更何况，企业领导者的情绪具有非常强的感染作用。企业家的一言一行、一举一动可以在不经意之间形成强大的磁场，影响他所领导的每一位员工。因此，"乐以忘忧"不仅是企业家自我修养必须具备的肚量，而且是企业家领导一个团队必须表现出来的胸襟，企业家要时刻提醒自己：不能将不良情绪带到工作中去。否则，面对一个成天愁眉不展的上级，员工的情绪很容易受传染，表现得灰心丧气，整个企业也就丧失了发展的动力。

对于那些赤手空拳打天下、试图带领一帮同仁描绘出一幅美好蓝图的创业者而言，"乐以忘忧"的情怀建立在对过程与结果之间因果关系深刻认识的基础之上。懂得今天的苦恰恰是为了明天的甜，在艰难困苦的追求过程中，也就不会怨天尤人，能够以苦为乐了。

1939年，当年轻的发明家惠利特和普卡德怀着对未来技术发展的美好憧憬和发明创造的激情开始创业时，他们所拥有的全部资本只有538美元，包括少量的现金和一台二手的西尔斯钻床，而他们"起事"的场所竟然是在普卡德住所后面租用的一间条件简陋的车库。擅长电路设计的惠利特和擅长工艺设计的普卡德以抛硬币的方式决定了各自的名字在这家公司名称中的排位顺序，当年公司销售收入为5 369美元，利润为1 563美元，这就是世界IT巨头——惠普颇具传奇色彩的创业史。

今天，昔日这间毫不起眼的车库被美国加利福尼亚州政府列为重点保护的历史古迹。车库文化，包括相信自己能够改变世界；高效工作，工具箱永不上锁，随时为我所用；尝试新的工作方式；每天都必须有所作为，否则，车库将永远是车库；拒绝空谈，拒绝官僚主义等，也已经成为惠普独具特色的企业文化，成为惠普创新精神的代名词。

可以想象，对于惠利特和普卡德而言，对车库年代的个中艰辛自然深有体会，但有梦想就有快乐，未来代表着希望，虽苦犹乐、甘之如饴也就是情理之中的事情了。对处于创业阶段的企业家而言，资本的短缺、身体的劳累、市场的磨砺并不可怕，只要心里还有梦想，转机就可能出现，奇迹就可能发生。

第 10 章 / Chapter Ten

诚者天道：社会资本

巧诈不如拙诚。

——《韩非子·说林上》

礼尚往来。往而不来，非礼也；来而不往，亦非礼也。

——《礼记·曲礼上》

子贡曾经问孔子如何才能治理好一个国家，孔子回答说："使粮食充足，使军备充足，使老百姓对当政者具有足够的信任。"子贡又问："如果不得已三者中去掉一个，去掉哪个好呢？"孔子回答道："可以减少军备。"子贡又问："如果不得已二者中再去掉一个，去掉哪个呢？"孔子回答道："可以减少粮食。"他的理由是："自古皆有死，民无信不立。"（《论语·颜渊》）意思是说，自古以来每个人皆有一死，但如果失去了老百姓的信任，则无以立足。孟子进一步提出："诚者，天之道也；思诚者，人之道也。"（《孟子·离娄上》）从天道诚信出发，进一步说明人道必须诚信的道理。站在企业的立场来看，"民信"中的"民"不仅包括员工，而且包括其他各种利益相关者。企业应致力于强化"民信"建设，努力在各种利益相关者中积累社会资本，以便为创建百年基业打下牢固的基础。

天不容伪

孔子曰："人而无信，不知其可也。"（《论语·为政》）在他看来，一个人若不具备"信"的品质，也就难以处身立世了。

明代刘基在《郁离子》中讲过一个故事，充分说明了这一思想。济阴有个商人，在渡河时不小心翻了船，情急中在河里拼命呼救。一位渔夫驾着小船去救他，船还没到跟前，商人就大声喊道："我是济阴的大户人家，你如果能救我上岸，我将赠给你 100 两银子。"渔夫将他救上船，划到岸边后，他却只给渔夫 10 两银子。渔夫问他："我救你的时候，你亲口答应给我 100 两银子，可现在却只给我 10 两，这恐怕不合适吧？"商人马上变脸道："你一个打鱼的，一天能赚多少钱？现在一下子就得了 10 两银子，还不满足呀！"渔夫很不高兴地走了。过了一些日子，这位商人坐船，不巧船撞在礁石上，又沉了，商人掉进水里，而那位渔夫刚好就在他沉船的地方。人们见渔夫不动，便问他："你为什么不去救人呀？"渔夫轻蔑地回答道："这是那位答应给我 100 两银子却没有兑现的人。"他把船停靠在岸边看着，商人在水里挣扎了一阵，就沉没到水底了。可见，"信"不仅关系到一个人是否能够在社会上立足、发展，在极端的情况下，甚至关系到一个人的生命安全。

中国有着几千年的农耕文明，而农业生产在很大程度上是靠天吃饭的，受气候条件变化的影响非常大，导致在不同的年份之间，收成很不稳定。为了减少气候条件的变化对农业生产的不利影响，水利工程等公共设施的建设和维护就显得极为必要，而这样的建设和维护工程需要集合众多家庭的力量。在此基础上，靠天然的血缘纽带维系的家族就承担起这一重任。这种基于亲情的家族圈子逐渐扩散到乡情、友情等方面，形成了一个又一个由各种纽带连接而成的圈子。这种圈子犹如洋葱头结构，由里向外扩散的过程也就是关系逐渐由亲到疏的过程。在社会上，每一个人都可能处于多个不同的圈子中。

在这样的情形下，一个人或一个企业一旦失信，就可能面临"无所逃于天地之间"（《庄子·人间世》）的绝望境地。这就意味着，企业失信所带来的破坏作用并非只来自那些利益受损的个人或组织，而且来自这些个人或组织所能辐射到的各个圈子的成员，呈现出无限放大的态势。由于这一作用机制的存在，企业理性选择的结果就应该是：努力克制自己各种可能的机会主义动机。固然，在别人未能发现的情况下，机会主义行为的实施可以让企业获得额外的收益，但是，这种行为一旦败露，将会使企业遭受无可估量的损失，是得不偿失的，明智的企业不会这样去做。

在产业集群内，这一作用机制尤为明显。由于在很小的区域范围内，围绕着某一个产业，集聚了数百乃至数千家同行业企业及配套服务企业，地理位置的接近使得集群内的各个企业的管理层之间形成了交往密切的社会关系网络，他们彼此相互熟悉，知根知底，甚至是同学、亲友。由于集群内的企业具有很强的地理根植性，相互之间配套关系又非常密切，外迁的机会成本很高，此时，信誉对于企业来讲就显得极其重要。企业必须严守信用，努力避免机会主义倾向；否则，信誉一旦被破坏，企业将很快被集群内的其他企业抛弃，失去生存和发展的环境基础。

无怪乎北宋文学家苏轼在《潮州韩文公庙碑》中写道："天不容伪"，大力呼吁：虚伪的言行是为老天爷所不容的。随着市场经济的逐渐发展、成熟，对于企业的各种监督机制也越来越严格，企业如果不加强信誉管理，所遭受的损失往往会大大超出它们的想象，甚至会威胁它们生存的基础。

信则人任

中国自古以来就非常重视诚信，诚信思想影响着社会的各个层面，上至国君，下至百姓，无不受到广泛的熏陶。《会稽典录》中记载，三国时期，卓恕为人非常讲信用，说话总是算数。他从建业（今江苏南京）回老家会稽（今浙江绍兴）前，向诸葛恪辞行。诸葛恪问他什么时候再来，卓恕说了一个具体的日子。到了那一天，诸葛恪做东请客，大家都停着不吃不喝，为的是等卓恕的到来。宾客们都说:"从会稽到建业相距千里之遥,怎么可能按时到来呢?"不一会儿,卓恕果然到了,满座的宾朋皆惊讶不已。在古代交通、通信极不发达的情况下,卓恕能做到"千里赴期",实在是难能可贵,其中所付出的艰辛自不待言。

诚信的思想也深刻地影响着商业领域。就市场交易主体而言,管子非常明确地提出,"非诚贾不得食于贾"(《管子·乘马》),认为诚信与否是商人获得入市资格的基本标准。明清时期,晋商与徽商的崛起就建立在以诚待人、以信接物的基础上。以晋商为例,祁县乔氏在包头开的各复盛商号,所用的斗秤比市面上的其他斗秤会略微让给顾客一些。复盛商号以足斤足两著称,在当地居民中信誉卓著。有一次,在包头的复盛油坊运胡麻油回山西销售,经手的伙计为图厚利,在油中掺假,被掌柜发现后,要求全部倒掉重装。

中国自古以来的诚信观与西方从20世纪70年代兴起的社会资本理论在关注的主题及主要的观点上极其相似。所谓社会资本(social capital),是指利用自己在社会结构关系中的特殊位置而获取利益的资源,具体包括个人关系、成员身份、社会网络及信任关系等要素,其中,核心要素是信任关系。福山(Francis Fukuyama)、布迪厄(Pierre Bourdieu)、科尔曼(James S. Coleman)、帕特南(Robert D. Putnam)等学者都对社会资本做了系统的分析。从20世纪90年代起,社会资本理论引起了学术界的广泛关注。社会学家科尔曼认为,社会资本是与物质资本和人力资本并存的资本。与物质资本及人力资本相比,社会资本因为源于各种社会关系,更不具形,因此,更容易为人们所忽视。但事实上,如果人们关注社会资本,并能对社会资本有意识地进行投资,就能够显著地提高资源配置能力,降低交易费用。

按照社会资本理论,企业的社会资本就是各利益相关者对企业的信任以及基于这种信任所形成的关系网。企业诚实守信的过程可以看做企业对社会资本的"储蓄"过程,通过获得员工、顾客、供应商、经销商、政府部门、社区、非政府组织、新闻媒体等各利益相关者的信任,企业不断地积累社会资本,以期在未来的某个时期,这种对社会资本的"储蓄"可以连本带利都收回来。

孔子曰:"信则人任焉"(《论语·阳货》)。一个人讲信用,就会得到别人的信任。这就意味着,无论是一个人,还是一个企业,一旦建立社会资本,就能够大幅提高自己的竞争力。以创业者为例,他发现了一个很好的市场机会,并制定了完善的商业计划书,但却缺乏相应的资金。他必须拿着这一商业计划书去说服投资人投入相应的资金,而投资人之所以愿意投入大量的资金,就在于这位创业者以往的所作所为积累了可观的社会资本。他还必须拿着这一商业计划书去说服别人与他一起创业,成为经营团队的核心成员,而这些人之所以相信他,也在于这位创业者在他们心目中所积累的社会资本。社会资本发挥着撬动物资资本与人力资本的杠杆作用。

诚以诚应

明代大臣、学者薛宣在《读书录》一书中写道:"以诚感人者,人亦以诚应;以诈御人者,人亦以诈应。"诚信是一个相互作用、相互促进的过程,同样道理,尔虞我诈也是一个相互诱导、相互强化的过程。在其社会资本的建设过程中,企业应始终保持阳光、积极、主动的姿态。

1. 存心有天知

子思说:"百心不可以得一人,一心可得百人。"(《意林·子思子》)只有诚心诚意对待别人,才能得到别人的真心拥戴。一个人是否讲诚信,首先是心诚,心诚方能守信。这也就是朱熹所说的:"思诚为修身之本,而明善又为思诚之本。"(《四书集注·孟子集注》)

据《萍州可谈》记载,北宋历史学家司马光有一段时间闲居洛阳。有一天,他让老兵将自己所骑的马牵出去卖,并嘱咐老兵说:"如果有人要买这匹马,就告诉他,这匹马夏天是有肺病的。"老兵私底下笑司马光愚拙,不知他到底是何用心。自然,两人的境界差距太大,老兵怎能体会到司马光的一片诚心呢?

具有300多年历史的同仁堂也讲究心诚,心诚成为同仁堂强有力的内在约束机制。同仁堂又称为乐家老铺，于康熙八年，即公元1669年为乐显扬所创建。乐显扬的祖籍在浙江宁波，于明代永乐年间迁至北京。其子乐凤鸣接续祖业，总结前人的制药经验，编撰了《乐氏世代祖传丸散膏丹下料配方》一书，提出了"炮制虽繁必不敢省人工，品味虽贵必不敢省物力"的训条，树立了"修合无人见，存心有天知"的自律意识。乐凤鸣强调，即便在无人监管的情况下，做药也不能违背良心，因为自己所做的一切，老天爷是知道的。这种高度的自律意识，既是乐氏家族长期注重道德修养的结果，也与同仁堂特殊的成长背景密切相关，成为同仁堂长盛不衰的根本原因。雍正元年，即公元1723年，雍正帝钦定同仁堂供奉清宫御药房用药，并独办官药，一共历经8位皇帝，长达188年。这一特殊的经历造就了同仁堂在制药过程中倍加小心、精益求精的严细精神。

希望能够像同仁堂一样永续成长的企业，也需要建立心诚这一自我约束机制。企业有必要明确自己的行为边界，能够做什么，不能够做什么，应该非常清晰。这就需要企业领导者，尤其是企业创始人具备鲜明的价值取向，始终如一地要求所有员工贯彻这一价值取向，并将其传承下去。

2. 巧诈不如拙诚

《韩非子·说林上》连着讲了两个故事。一个故事说的是，乐羊担任魏国的将军，领兵攻打中山国。乐羊的儿子正好在中山国，中山国将他的儿子作为人质来威胁乐羊，但乐羊进攻的意志并没有因此减弱，反而攻打得更加猛烈。中山国于是将乐羊的儿子杀了，烹了后将羹汤送给乐羊，乐羊竟然一饮而尽。中山国看到乐羊的决心，失去了与他作战的勇气，很快就被攻破，并成为魏文侯发迹的地方。魏文侯很欣赏乐羊所立下的战功，但却怀疑他的内心。

另一个故事说的是，孟孙去打猎，捕获了一只麑，让秦西巴赶回家。在路上，母麑一路跟着秦西巴，不断哀鸣。秦西巴不忍心，就将那只麑放了。孟孙因此大怒，放逐了秦西巴。一年过后，孟孙又召回秦西巴，并让他担任太子傅。旁边的人非常不解，便问道："秦西巴对君王是有罪的，现在却又任命他为太子傅，为什么呢？"孟孙回答说："他能因为一只麑而不忍心，又怎能忍心不教育好我的儿子呢？"

有鉴于此，韩非子感叹道："巧诈不如拙诚。"（《韩非子·说林上》）乐羊功劳显赫却被疑心，而秦西巴因为有罪反而更加得到信任，所以，巧妙的奸诈不如拙朴的诚信。

许多企业在经历快速的发展后，很快就遇到了麻烦，原因就在于这些企业过于"精明"，一些经营管理的做法属于"巧诈"的范畴，等各种利益相关者最终醒悟过来、认清企业的本质后，对企业的支持力度自然会大为降低。只要企业切实考虑各利益相关者的诉求，始终抱着更好地满足各利益相关者需求的态度，即便企业在经营管理过程中出现一些失误，也属于"拙诚"的范畴，能够为大家所理解和包容。

3. 礼尚往来

曾国藩在世时，欲著《挺经》一书，以系统地总结自己的人生经验与心得。遗憾的是，他没能完成这部伟大的著作，就告别了人世。曾国藩的孙婿吴永在其所著的《庚子西狩丛谈》卷四中谈到，作为曾国藩门生的李鸿章曾经对他说："我老师的秘传心法，有十八条'挺经'，这真是精通造化、守身用世的宝诀。"李鸿章向吴永转述了一个故事，并告诉他这是曾国藩"挺经"中开宗明义的第一条。

有一家人，请了贵客，要留他在家吃午饭。老翁一大早就吩咐儿子前往市场上备办肴蔬果品，但很长时间过去了，他的儿子仍然没有回来。老翁心急，亲自到窗口眺望，看见在离家不远的田埂上，儿子挑着肴蔬果品，与另外一个挑着担子的汉子对峙着，彼此各不相让。老翁连忙赶过去，婉言说道："老哥，我家中有客，等着这些东西准备午饭，请你往水田里稍避一步，待他过来，你老哥也可过去，岂不两便？"那汉子回答道："你叫我下水，怎么他不下水呢？"老翁回答说："我儿子身材矮小，下到水田里恐怕浸湿担子里的食物；你老哥身材高一些，担子不至于沾水。因此，请您避让一下。"那汉子反问道："你这担内，不过是些肴蔬果品，就是浸湿了，也还可以将就着用；而我担中挑的都是京广贵货，万一沾着了水，便一文不值了。担子中的东西不同，怎能叫我避让？"老翁见说不过，乃挺身走近那汉子说："既然如此，待我老头子下到水田之中，你将货担交给我，让我顶在头上，请你空身从我儿子身边过去，再将担子奉还，如何？"说完，老翁当即俯身解袜脱履。那汉子见老翁这样，心中过意不去，说道："既然你老人家如此费事，我就下到水田里，让你们担过去。"于是，那汉子下田避让，一场争端消于无形。

可见，"挺经"所谓的"挺"，是曾国藩所追求的立身、处世态度，强调的是躬身入局、坚韧挺拔的精神。挺身而出，躬身入局，强调的是"退一步海阔天空"的姿态；坚韧挺拔，目标鲜明，强调的是不达目标誓不罢休的进取精神。曾国藩正是凭借一个"挺"字，在困厄中求出路，在苦斗中求成功，才成就了他一生之大功。

《礼记·曲礼上》有云："礼尚往来。往而不来，非礼也；来而不往，亦非礼也。"意思是说，礼重在相互往来，如果有往无来，不符合礼的要求；而如果有来无往，也不符合礼的要求。在人际交往之中是这样，在企业与其利益相关者交往的过程中也一样。信任关系的建立，需要从我做起，这是最简单、也是最快捷的方式。

在教育学中，有一个著名的"皮格马利翁效应"（Pygmalion effect），这是由美国心理学家罗森塔尔（R. Rosenthal）和雅各布森（L. Jacobson）在小学教育上予以验证的。皮格马利翁来自古希腊的神话故事，他是塞浦路斯的国王，也是一位著名的雕塑家。他曾用象牙精心雕刻了一位美丽可爱的少女，而且深深地爱上了她。他真诚地希望自己的爱能为少女所接受。于是，他带着丰盛的祭品，向女神阿弗罗狄忒（Aphrodite）祷告，在女神的帮助下，雕像慢慢发生了变化，脸颊逐渐呈现出血色，眼睛开始释放出光芒，嘴唇缓缓地张开，露出了甜美的微笑，并用充满爱意的眼光看着皮格马利翁。最终，有情人终成眷属。人们基于这一神话故事提出了"皮格马利翁效应"，即期望与赞美能产生奇迹。通过试验，罗森塔尔和雅各布森发现，虽然学生的资质没有什么区别，但那些受到正面激励和肯定的学生，通过不断的自我心理暗示，进步的速度要远远快于其他同学。

这也就是著名学者钱穆所说的，人心之间的美德是相互感应的，可以用美德来唤醒美德。与人们经常所说的"冤冤相报何时了"是同样的道理。在企业与各利益相关者交往的过程中，"皮格马利翁效应"同样发挥着巨大的作用。企业越是信任某一利益相关者，这一利益相关者就越有可能获得一种积极、向上的动力，努力使自己达到企业的期待，以免让企业失望。

虽悔无及

汉代名士韩婴曾发出这样的感慨："孔子曰：'不慎其前，而悔其后。'嗟乎！虽悔无及矣。"（《韩诗外传》卷二）在企业或自己的声誉受损之后，相信管理者也会发出类似的感慨。

企业领导者的威信建立在员工信服的基础上，企业的信誉取决于它在各种利益相关者心目中所形成的美誉度。信任的建立很难，只有长期不懈的努力才能获得别人的信任；信任的破坏却很容易，只需要一件事情做不到位，信任就可能不复存在，而试图重新修复信任关系则难上加难，需要付出艰辛的努力。可见，信誉的破坏过程具有很大的不可逆性，此时，企业将陷入"虽悔无及"的境遇。因此，企业与其"悔其后"，不如"慎其前"，一开始就谨小慎微。

尤其值得一提的是，企业名声越大，规模越大，就越需要树立"高处不胜寒"（苏轼：《水调歌头》）的意识。正如李嘉诚所言："一时的损失将来是可以赚回来的，但损失了信誉，就什么事情也不能做了。"对于这些企业来说，失信的成本要比其他企业高得多，原因是，它们的信誉积累已经很深厚，如果一招不慎，就可能伤筋动骨，让辛辛苦苦建立的整个企业的信誉基础荡然无存。

1. 轻诺必寡信

老子告诫世人："轻诺必寡信。"（《老子》第六十三章）一个人如果轻而易举就做出许诺，那么他必然丧失信用，这是一条亘古不变的道理。亦即"信不足焉，有不信焉"（《老子》第二十三章），如果统治者诚信不足，老百姓就不会信任他。"空头支票"不仅会有损管理者的威信，而且最终将破坏整个企业在员工心目中的形象，因为管理层的形象往往代表着企业的形象。

关于企业家声誉研究的文献可谓不少，但主要研究的是他们在商品市场以及职业经理人市场上的声誉。从经济学的角度而言，企业家良好的声誉有助于提高企业的品牌形象，增加商品的附加价值，同时，提升企业家自身在职业经理人市场上的讨价还价能力。而这里重点讨论的是管理者在下属面前所表现出来的声誉，而这种声誉却是为许多企业领导者所忽视的。他们对客户和经销商等外部公众可能言出必诺，但在员工面前，却经常食言。

比如，某位企业领导者可能在年初做出承诺：如果某个销售部门所创造的收入和净利润均比上年增长100%，那么，净利润的30%将分配给销售部门的员工。理由是，伴随着同行企业日益激烈的竞争形势，在许多人看来，在销售收入倍增的情况下实现净利润倍增简直是"痴人说梦"，而那位领导者本人也没拿它太当回事。但有意思的是，该部门的负责人却受到了莫大的激励，并付出了极大的努力，终于奇迹般地完成了上述增长目标。然而，面对一笔可能超过500万元的巨额奖金，该领导者最终反悔，利润分享计划缩水到只有100万元。而该销售团队的负责人则愤然离职，另立门户，不仅在业内崛起了一个强劲的竞争对手，而且带走了大批优秀的员工。类似的事情在许多企业里上演着，扼杀了这些企业的可持续发展之路。

对于当前中国的许多企业来说，由于管理层与员工处于事实上的不对等地位，相对于员工而言，管理层拥有更多的相机决策权和话语权，这为他们"收回成命"创造了条件，客观上形成了一种"食言机制"。但问题是，且不讨论管理层食言后优秀员工可能流失的问题，单就员工工作的努力程度来说，由于管理层与员工之间存在严重的信息不对称，监督员工努力工作要么成本高昂，要么难以具体落实，因此，"出工不出力，出力不出活"的现象就无法避免，管理层的长期利益将被自己的一时贪欲破坏。而且一旦这种信任关系被破坏，要重新建立信任会非常困难。

2. 诺不轻言

作为相机决策权和话语权具有强势地位的一方，管理者以主动的态度建立信任关系具有更强的可操作性。"信"是由"人"和"言"两个字根组成的，人言为信，管理者可以信赖的前提在于：慎重许诺，在向员工做出承诺前，必须深思熟虑：我是否存在做出某项承诺的必要性？我做出的这项承诺是否有实施的基础？

在这一点上，很多人是吃过亏的，往往话从口出，却没有经过大脑。在下属面前表态之后，才发现兑现不了，或者有意回避这个问题，仿佛什么事情都没有发生过，或者刻意修改各种标准，违背当初的诺言。特别是在兴致高涨的时候，企业领导者许诺往往是兴之所至，惹下很多麻烦。对于管理者来说，对下属信守诺言的前提就在于诺不轻言，承诺太多、太满，自然很容易破坏诺言，"狼来了"喊多了，最后自然无人相信，公信力也就无从说起。

上面所谈到的那位企业领导者之所以陷入困境，也与他做出激励决策前缺乏必要的调查研究分不开。他没有认真、系统地思考过以下问题：相对于竞争对手而言，该业务部门的优劣势何在？员工们还有多大的潜力可挖？奖励的标准到底定多少合适？

3. 诺不轻弃

各种承诺要真正发挥出应有的效用，需要强有力的实施机制。这对管理者提出了严格的要求：第一，真正做到一言九鼎，言出必行；第二，即便事前考虑欠周详，要算"大账"，不图一时、一事之利，而看长远、看全局；第三，严于律己，以身作则，对自己与员工一视同仁，不能有任何特权。

管理者承诺兑现的作用机制在于：它让员工形成稳定的心理预期。员工心里非常清楚：只要努力了，就会有收获；努力程度越高，收获越大。这样，努力程度与心理预期之间建立有效的价值链接系统。

沃尔玛的创始人山姆·沃尔顿就是这样一位重信守诺的企业家。有一次，他答应员工：如果公司业绩出现飞跃，他会穿上草裙与夏威夷衫，在华尔街上跳草裙舞。结果，当年公司的营业额超出沃尔顿的预期，于是，他果真在美国金融之都——华尔街上大跳草裙舞，被报界大肆曝光。在国人的眼中，作为一个公司的掌舵人，沃尔顿的做法也许显得疯疯傻傻。但这种举动的可贵之处就在于：它维护了一个公司领导者可资信任的声誉。

第 11 章 / Chapter Eleven

法者王本：制度建设

法者，王之本也。

——《韩非子·心度》

法者，编著之图籍，设之于官府，而布之于百姓者也。

——《韩非子·难三》

韩非子认为："法者，王之本也。"（《韩非子·心度》）"法"是帝王成就功业的基础，是一个国家强大昌盛的根本保障。在"人性本恶"的情况下，开展制度建设是企业维持正常、有序的生产、经营、管理秩序的基础，是企业发展、壮大的重要保障。

人性本恶

荀子认为："人之性恶，其善者伪也。"（《荀子·性恶》）在荀子看来，人先天自身就具有的东西叫做"性"，通过后天学习模仿而得到的东西叫做"伪"。也就是说，人性生来本恶，只有经过后天的学习、模仿，才能去恶从善。

荀子（公元前313年—公元前238年）

名况，字卿，以孔子的继承人自居，继承并发展了孔子的"外王学"，但却培养了韩非、李斯等法家的代表人物。曾三次担任齐国稷下学宫的祭酒，后来担任楚国兰陵令，与屈原一并称为"辞赋之祖"。所著的《荀子》一书从性恶论的角度出发，强调隆礼重法、尊贤爱民的思想。

德国哲学家康德（Immanuel Kant）持有同样的观点："恶折磨我们的人，时而是因为人的本性，时而是因为人的残忍的自私性。"另一位德国哲学家黑格尔（Georg Wilhelm Friedrich Hegel）也有类似的表述："人们以为当他们说人性本善时是说出了一种伟大的思想，但他们忘记了，当他们说人性本恶时，他们是说出了伟大得多的思想。"

"科学管理之父"泰罗对人性的基本假设是"经济人"，将人看成是会说话的机器，认为人主要是为金钱而工作，为物质生活享受而生存，只要满足人对金钱和物质的需求，就能调动其积极性。实际上，"经济人"追求自身利益最大化的行为，本身就蕴涵着机会主义行为，即通过非正直或非诚实的手段，追求自身利益、达到自己目的的行为，包括说谎、窃取、欺骗等的可能性。正如经济学家萨缪尔森（Paul Samuelson）所说的那样，个人"只要能在竞争的市场蒙混过去，便会把沙子掺进食糖里去"。

在其1957年出版的《企业的人性面》一书中，哈佛大学心理学博士、任教于麻省理工学院的麦格雷戈（Douglas McGregor）将当时流行的这一类管理思想统一归纳为"X理论"，其人性假定是：人生来就是懒惰的，只要有可能，就会想办法逃避工作；人生来缺乏进取心，不愿承担责任；人们习惯以自我为中心，而漠视组织的需要；只有少数人具有解决组织问题所需要的想象力和创造力，而大多数人则习惯于守旧，本性是反对变革的。

在性恶者看来，人性之所以恶，是由其自然属性所致，是与生俱来的东西，承认人性本恶并没有坏处，也不会损害人类的伟大与尊严。只要管理者正视事实，就可以对员工的行为做出有效的规范和引导。

奉法则强

在"人性本恶"的情况下，如何才能使人向善呢？荀子的回答是"伪"，即通过学习、模仿，使善的行为逐渐成为习惯，就能让人达到圣人的程度。但"伪"并非人们自发的，需要外在的约束和规范，荀子将这种外在的约束和规范界定为"礼"和"法"。

事实上，自孔子以来，儒家就非常强调"礼"的价值，但荀子认识到，仅仅依靠非强制性的"礼"的约束和规范是远远不够的，有必要求助于强制性的"法"。作为荀子的弟子，韩非子继承并发扬了荀子"法"的思想，旗帜鲜明地提出："国无常强，无常弱。奉法者强，则国强；奉法者弱，则国弱。"（《韩非子·有度》）

俗话说："国有国法，店有店规"，广义的"法"可以理解为正式的规章制度。美国著名哲学家、伦理学家约翰·罗尔斯（John Rawls）在其名著《正义论》中讲述了一个非常经典的寓言，从中可以看出确立合理的规章制度有多么重要。有七个人住在一起，每天分一桶粥喝，但问题是：人多粥少，每天都不够。一开始，这些人用抓阄的方式来决定由谁分粥，每天轮一人。结果，一周下来，每人只能在自己分粥的那一天吃饱。于是，他们开始推选一位品德好的人来分粥，结果，大家开始挖空心思讨好、贿赂这个分粥之人，闹得整个小团体乌烟瘴气。为此，开始组建由三人构成的分粥委员会以及由四人构成的评选委员会来履行分粥的职责，由于人们相互攻击、扯皮，结果，等到可以喝粥的时候，粥却已经凉了。最后，大家决定，还是轮流分粥，但分粥的人必须等其他人挑完后再拿剩下的最后一碗。为了不让自己吃亏，每个人在分粥时都尽可能做到平均，结果，大家又可以和睦相处了。

同样的人，不同的规则，结果却是天壤之别。对于企业而言，强化制度建设，并制定真正符合企业实际情况、得到员工普遍认可的规章制度，是管理层必须高度重视并需要投入大量精力的任务。

在企业中，规章制度的出现及其优化，是追求经济效率的表现，有助于实现决策机制的转变，即非程序化决策得以转变为程序化决策，决策效率从而得以大幅提高。当一个企业只有几个人的时候，企业主完全可以不需要任何规章制度，直接指挥这几位员工开展具体的工作；而当企业规模逐渐扩大后，则需要对经常发生的工作予以程序化，当同样的情形再次出现时，员工只要按照规章制度的要求去做事就可以了。这样，企业主得以从繁重的事务性工作中解脱出来，可以集中精力去解决那些重要的例外事件。可以说，制度建设是企业规模扩大的必然结果，也是企业层级组织得以高效运行的基石，企业流程的成熟度应与企业的规模成正比。

当然，企业的制度建设不仅应注重约束功能，而且应注重激励功能。泰罗基于"经济人"的假设，早就明确地提出：管理的手段不仅仅是命令、指示和惩罚，还应大力实行物质激励。事实上，这种"胡萝卜＋大棒"的管理手段，今天依然在不少企业中发挥作用，在一些企业中甚至发挥着至关重要的作用。

第 11 章 法者王本：制度建设

法莫如显

如何才能让"法"渗透到管理的每一个环节之中，并落实到每一位员工的具体行动之中呢？韩非子给出的答案是"法莫如显"（《韩非子·难三》），他强调："法者，编著之图籍，设之于官府，而布之于百姓者也。"（《韩非子·难三》）一个国家的法律只有编写进图书典籍，设置在官府中，广泛地让老百姓知晓，才能真正实现法治的目的。"法"的目的并不是惩罚人，而是发挥威慑作用，让人们不去做坏事，自觉自愿地去做别人期望的好事。

对于企业来说也一样，制定规章制度只是第一步，让员工深入认识到这些规章制度的重要性，并了解规章制度的具体要求，才是关键所在。有鉴于此，管理层必须通过开展各种培训，或通过自己的一言一行，让员工了解、信奉并自觉遵循这些规章制度。

所以，制度发挥作用的有效前提是"广而告之"，你希望员工做什么，就需要反复强调、倡导这些事情。早在韩非子之前，孔子就提出："不教而杀谓之虐，不戒视成谓之暴。"（《论语·尧曰》）如果不经过教化便加以杀戮叫做"虐"，如果不加以告诫便要求做事成功叫做"暴"。吴起也主张"教戒为先"（《吴子·治兵》），说的也是要让下属懂"法"。

需要企业管理者注意的是，如果员工工作出现了问题，他必须反省：是制度不健全导致的问题？还是员工自身的原因导致的问题？是自己没有做好示范，或没有事先提醒员工导致问题的发生，还是员工在管理者示范及提醒后依然在犯错误？否则，不分析具体的原因，"板子"就打在员工的"屁股"上，只能是"虐"和"暴"了。

法不阿贵

《韩非子·有度》中讲："法不阿贵，绳不挠曲。"法律不偏袒有权有势的人，墨绳不会向弯曲的地方倾斜。"广而告之"彰显了"法"的存在，但"法"的生效还需做到"刑过不避大夫，赏善不遗匹夫"（《韩非子·有度》），亦即惩罚有过失的人即便是官至大夫的人也不例外，奖励表现好的人即便是村野匹夫也不遗漏。只有贯彻统一的适用尺度，才能强化"法"的权威性以及人们的可预期性，人们才能自觉去守"法"。

"戴胄执法"的典故就是一个很好的写照。据《资治通鉴》记载，唐太宗李世民认为兵部郎中戴胄清正廉洁，于是将他提拔为大理寺少卿。当时，在举荐入选的官吏中，多有伪造资历者，让唐太宗非常生气，于是便要求这些官吏坦白自首，否则以死罪论处。不久，便发现有一伪造资历但并未自首的官吏，唐太宗要杀他的头。戴胄劝唐太宗说："按照大唐法律，此人应该流放。"唐太宗大怒，说道："你要守法，却要我失信吗？"戴胄回答道："陛下所下的命令，多出于一时之喜怒，而法律则是国家公之于众、取大信于民的根据。陛下痛恨官吏伪造资历，要杀一儆百，后来又发现按法量罪，罪不至死，而依法办事，这正是忍一时之气愤、而取大信于民啊！"唐太宗转怒为喜，赞扬道："你能依法办事，我还有什么忧愁的呢！"

《资治通鉴》

成书于北宋时期的一部多卷本编年体史书，由司马光（公元1019年—公元1086年）主编，历时19年完成。全书共294卷、300多万字，以时间为纲、事件为目，详细记载了周威烈王二十三年（公元前403年）到五代时期后周世宗显德六年（公元959年）1362年的历史演变进程。

在新加坡发生的"迈克尔·菲事件"充分体现了"法不阿贵"的施用原则。1993年9月，在新加坡旅游的美国年轻人迈克尔·菲（Michael Fay）大搞恶作剧，在别人的汽车上喷撒油漆，将西红柿、鸡蛋、奶酪等食品砸在公共汽车上，还砸坏了别人的车门和反光镜等。1994年3月，新加坡法院判处迈克尔·菲4个月监禁，罚款3 500新加坡元，并鞭打6下。一时之间，鞭刑的判决让美国上下舆论哗然，当时的美国总统克林顿（Bill Clinton）也向当时的新加坡总理吴作栋说情。最终，新加坡方面力排众议，维持了鞭刑，只不过将6鞭改判为4鞭，仅仅赦免了2鞭而已。

封建社会拥有至高无上权力的皇帝尚能做到法大于权，而美国总统说情也不能干扰新加坡的执法过程，给今天的企业领导者的启示就在于：制度面前要一视同仁，应该谨慎地掌控并运用好自己手中的权力。在企业管理过程中，我们经常可以看到这样的现象：规章制度出台后，在具体实施过程中，往往例外原则层出不穷，特别是涉及企业高层管理者的时候，经常是作为个案进行特殊处理。须知，要确保"法"的效力，例外原则切不可滥用。

第 12 章 / Chapter Twelve

在位谋政：职位权力

故夫名分定，势治之道也；名分不定，势乱之道也。

——《商君书·定分》

杀一人而三军震者，杀之；赏一人而万人悦者，赏之。杀贵大，赏贵小。

——《六韬·将威》

孔子曰："不在其位，不谋其政。"（《论语·宪问》）《中庸》第十四章也有类似的表述："君子素其位而行，不愿乎其外。"强调的是，君子应该依照自己平素的地位行事，不羡慕本分之外的事情。上面两段话均涉及一个非常重要的管理学命题——如何更好地打造与运用职位权力，做到职权与职责的对等，更好地提升领导力。

不出其位

曾子继承了他的老师——孔子的思想，提出"君子思不出其位"(《论语·宪问》)的观点,说的是君子不要越过自己的职责范围去思考问题。如果对孔子"不在其位,不谋其政"的思想作一定的引申,从在不在位与谋不谋政两个维度进行系统的思考,就可以得到一个有关"在位"与"谋政"的矩阵(见图12—1)。每一个管理者都应清醒地认识到自己的角色定位,履行这一角色所应履行的职责。这样,在企业中才能形成"到位"、"归位"的良好局面,更好地发挥"补位"的积极作用,而不会出现"越位"、"缺位"的混乱局面。

	不在位	在位
谋政	越位/补位	到位
不谋政	归位	缺位

图12—1 在位与谋政的矩阵组合

1. 在其位,谋其政

"在其位,谋其政"意味着管理"到位"。在这里,"谋政"的先决条件是"在位",也就是说,能否确保高效的管理,首先在于管理者拥有该职位的法定权,即孔子所说的"正名"。孔子的弟子——子路曾经问他,如果卫国国君让他从政,他应该做什么准备,孔子提出首先应"正名"。当子路笑话老师过于迂腐时,孔子义正词严地批评了子路，说道："名不正，则言不顺；言不顺，则事不成；事不成，则礼乐不兴；礼乐不兴，则刑罚不中；刑罚不中，则民无所措手足。"（《论语·子路》）大意是说，如果名分不正，说起话来就不顺当合理；说起话来不顺当合理，事情就办不成；事情办不成，礼乐就兴盛不起来；礼乐兴盛不起来，刑罚的执行就会不得当；刑罚执行不得当，百姓就不知道该如何是好。孔子认为，社会如果要走上正轨，做到有序井然，必先"正名"。

商鞅也非常重视定"名分"，他说："故夫名分定，势治之道也；名分不定，势乱之道也。"（《商君书·定分》）认为只有先确定名分，才能天下大治；而如果不确定名分，必将天下大乱。他通过一个形象的比喻来说明定"名分"的重要性：如果野地里出现一只奔跑的兔子，100人会蜂拥而上去逮它，并不是因为捉到兔子后，每个人可以分到兔子的1/100，而是因为兔子的所有权尚未确定。而在市场上卖的兔子很多，却连小偷都不敢去偷，是因为这些兔子的所有权早已明确。

"正名"也是企业有序管理的前提。在企业中，只有职位设置合理，而且职位说明书又足够明确，才能让每位员工做好自己的本职工作，形成有机配合、无缝连接的分工协作体系。当然，明确不同岗位的职责说起来容易，做起来却并非易事，需要企业管理层做深入的调研。由于在企业发展的不同阶段，所需要的职位会发生很大的变化，因此，管理层必须对职位设置做出相机制宜的调整。

在一些企业中，经常会出现某些职位空缺，而指定临时负责人的现象，但效果却不甚理想，原因就在于"名不顺"。在正式的任命通知下达前,"临时负责人",如副总经理(主持工作)等称谓很容易让管理者心里不踏实,缺乏应有的底气,也让他的下属不那么服气,甚至还会让一些下属因为存在一些非分之想而有意与他为敌,管理效果自然会打折扣。

2. 不在其位,不谋其政

"不在其位,不谋其政"意味着权力"归位"。只有做到权力各归其位,才能确保每个人履行好各自的职责。因此,"归位"是"到位"的基础。

如果说管理"到位"是管理者的基本职责,那么,权力"归位"则是管理者的品行修为。管理者应该非常清楚自己的角色定位,明确自己的权力和职责边界,对自己分内之事尽心尽力,对自己分外之事则坚决不插手,不越俎代庖。

但在一些中小企业中,尤其是人手相对紧缺的企业中,管理层总是希望每个部门、每位员工都具有高度的自觉性,能够一个顶三个。毫无疑问,这样做有助于提高部门的柔性,对培养复合型人才也有好处。当企业规模非常小、员工凝聚力很强、管理者的管理幅度有限的时候,这样的管理模式可能发挥作用,甚至作用还非常明显。但当企业的规模进一步扩大时,由于部门及员工之间职责不清,拖拉、扯皮现象就会经常发生。

3. 在其位，不谋其政

如果管理者"在其位，不谋其政"，就会出现"缺位"的现象，也就是老百姓常说的"占着茅坑不拉屎"。

"缺位"的表现形式五花八门，原因也可能多种多样。比如，由于提拔前考核不严格，将能力不堪胜任的人提拔到某个职位上，就可能让这一职位变成某一关键流程的瓶颈环节。又如，一些部门或者一些人有着强烈的控制欲，对能够抓权的事情大家抢着去做，而不管这些事情是否属于自己的职责范围，而对于那些不能够抓权的事情，则敬而远之，无人过问，导致职责"真空地带"的出现。再如，某一管理者对企业的某些规定或某个上级有意见，但又知道"胳膊拧不过大腿"，不敢在公开的会议上或当着上级的面提出异议，因此，就采取"不作为"这一变相的抗议方式。

"缺位"所造成影响的恶劣显而易见。一方面，它会导致许多事情无人负责的现象出现，荒废了众多的"责任田"；另一方面，它会严重破坏企业内部的协作意识、公平氛围，打击那些能干的人、高效的部门的积极性。

4. 不在其位，谋其政

如果管理者"不在其位，谋其政"，就表明他可能"越位"了。

之所以出现"越位"的现象，可能是制度方面的原因，也可能是个人方面的原因。比如，在制度方面，表现为部门设置不尽合理，部门及员工职责范围不够清晰，企业对"越位"行为缺乏应有的制裁等；在个人方面，表现为有些人权力意识太强，有些人能力太强、精力太旺盛，而更重要的是，他们对别人经常不放心。

事实上，作为"缺位"一种很重要的表现形式——"向上授权"的现象之所以经常发生，就在于上级经常"越位"，自觉、不自觉地插手下属具体的工作，久而久之，让下属养成不爱思考的习惯，也不愿意主动去开展工作，这是企业管理不成熟的表现。

《三国演义》第一百零三回所讲的诸葛亮的故事给企业管理者以深刻的教训。诸葛亮未出茅庐，便知天下三分的大势；既出茅庐，帮助刘备实现三足鼎立的目标。他不仅才智惊人，而且其"鞠躬尽瘁，死而后已"（诸葛亮：《后出师表》）的品德更是为后人所景仰，但"越位"行为却频繁发生在诸葛亮身上。

主簿杨颙对诸葛亮凡事亲力亲为的做法深表忧虑，曾谏曰："今丞相亲理细事，汗流终日，岂不劳乎？"而诸葛亮的回答是："吾非不知，但受先帝托孤之重，唯恐他人不似我尽心也。"正如他的对手司马懿所评价的那样："孔明食少事烦，其能久乎？"作为蜀国的丞相，诸葛亮事事亲理，不辞辛苦，可谓日理万机，精力已经用尽，因此，54岁时便病逝于五丈原。诸葛亮事必躬亲，不仅使自己因过于操劳而早逝，令人叹息，也使下属得不到有效的历练，还不利于形成上下各在其位的分工协作机制。

对于企业管理层而言，需要提防的是，在某些时候，"越位"行为往往可能披上责任心强甚至好人好事的合法化"外衣"，但它恰恰破坏了企业基本的层级秩序、组织原则，是需要坚决予以制止的。

据《韩非子·二柄》记载，韩昭侯是战国时期韩国的国君。有一天，韩昭侯喝醉酒后和衣睡着了，典冠，即掌管国君帽子的侍卫官害怕他着凉，给他盖上了一件衣服。韩昭侯睡醒后，很是高兴，问左右说："是谁给我盖的衣服？"左右回答说："是典冠给您盖的。"韩昭侯于是将典衣，即掌管国君衣服的侍卫官与典冠一同治罪。韩昭候之所以处罚典衣，是因为典衣在履行职责时"缺位"了；而之所以处罚典冠，是因为韩昭侯认为他"越位"了。韩非子评论说，韩昭侯并不是不怕着凉，只是他认为"越位"这件事比着凉更可怕。某种意义上而言，"越位"比"缺位"更可怕，原因很简单："缺位"是显而易见的，而"越位"却会打着好人好事的幌子去破坏组织正常的秩序感。

当然，如果管理者"不在其位，谋其政"，也可能表明他正在"补位"。事实上，"补位"和"越位"的区别很简单，如果企业的权责边界很清楚，某位员工侵犯了别人的权责范围，那就属于"越位"；而当企业出现职责真空，某件事情该有人去做，却没安排人去做的时候，有员工主动将这件事情完成了，就属于"补位"。"补位"是允许，甚至是鼓励的，但一个企业不能老是在"补位"。此时，说明制度设计有问题，到了组织调整、流程再造的时候。

必赏必诛

孙子认为,"赏罚孰明"(《孙子兵法·始计篇》)是决定对垒的两支军队谁胜谁败的关键变量之一。《尉缭子·兵令下》也明确指出:"赏如日月,信如四时,令如斧钺,制如干将,士卒不用命者,未之闻也。"认为奖赏要像日月当空那样光明,守信要像四时交替那样准确,号令要像斧钺那样威严,决断要像干将宝剑那样锐利,这样,士兵就不可能不服从命令了。时至今日,"赏罚孰明"成为决定企业的凝聚力,进而决定企业的执行力,最终决定企业的竞争力的重要因素之一。

孙子(公元前545年—公元前470年)

本名孙武,字长卿,春秋时期著名军事家,被后世尊称为"兵圣"或"兵学鼻祖"。他曾在吴国为将,帮助吴王阖闾大败楚国军队,占领楚国都城。所著的《孙子兵法》共13篇、6 000余字,系兵法典范,为后世兵家所推崇。

企业管理者履行职责的基础是其职位权力,包括"在其位,谋

其政"的法定权，以及依托这种法定权所形成的奖励权与惩罚权。本质上讲，奖励属于正向激励，惩罚属于负向激励。一个成功的管理者必然是激励机制的自如掌控者。

按照韩非子的说法，君主制服臣属的能力源于"二柄"，他说："二柄者，刑、德也。何谓刑、德？曰：杀戮之谓刑，庆赏之谓德。"（《韩非子·二柄》）因此，"二柄"指的是"德"和"刑"，也可以称为"赏"和"罚"。"二柄"之所以能迅速见效，在于这一管理手段顺应了人性，即"凡治天下，必因人情。人情者有好恶，故赏罚可用。"（《韩非子·八经》）正因为人有好利恶害之性情，因此，"二柄"就有了用武之地。

在企业管理过程中，"二柄"的效用能否充分发挥出来，取决于管理层的决心、公平与毅力，即有关赏罚的规章制度是否到位，还有没有漏洞可钻；对于不同的员工，他们是否能做到一视同仁；在遭遇困难的时候，他们是否能始终如一地坚持下去。也就是说，是否在功与赏、过与罚之间建立恒定、必然、一一对应的联系，真正做到"必赏必诛"。"丽水盗金"的典故验证了这一管理原则。

《韩非子·内储说上》中记载，楚国南部有一条叫丽水的河，出产黄金，很多人偷偷去开采。政府的禁令是：一旦抓住私下采金者，立即在街市上五马分尸，暴尸示众。由于偷采而被杀死的人很多，但还是不断有人偷偷去开采金子。道理就在于：上述必然的联系并没有100%地确立下来，因为偷采黄金的人不一定会被抓住。否则，即便有人说："我把天下给你，但马上就杀掉你"，连傻子也不会愿意，因为他知道自己必死无疑，要天下又有何用。

如此说来，管理者只有真正做到"有功者必赏"、"有罪者必诛"（《韩非子·难三》），才能让下属各在其位，各尽其职，确保企业健康、有序地运行。

诚如韩非子所言："小信成则大信立，故明主积于信。赏罚不信，则禁令不行。"（《韩非子·外储说左上》）大意是，只有讲小信用，大信用才会逐渐确立，所以，英明的君主是在不断地积累信用的过程中产生的；如果赏罚不讲信用，那么法令禁规也就无法推行。唯有赏罚有信，才能建立并强化管理者的权威。而管理者权威的确定过程，就是"小信"不断积累的过程。可见，无论是奖励权，还是惩罚权，要真正落到实处，要求员工对管理者的承诺具有信任感，也就是说，要求管理者具有良好的声誉。

诛大赏小

在现实中，由于管理者未能有效地运用奖励权与惩罚权，不仅没能达到激励的目的，反而引起诸多的矛盾，这样的例子比比皆是。而"诛大赏小"则是一条行之有效的赏罚法则。

正所谓"杀一人而三军震者，杀之；赏一人而万人悦者，赏之。杀贵大，赏贵小。"（《六韬·将威》）如果杀一个人能让全军震惊，这个人无论是谁都该杀头；如果赏一个人能让一万个人受到欢欣鼓舞,这个人无论是谁都该赏赐他。诛杀重在诛杀地位高的人,奖赏重在奖赏地位低的人。

"诛大"具有"擒贼先擒王"(杜甫:《前出塞》)的功效,在管理者实施惩罚权的时候,先从有影响力的人物下手,从大的事情下手,警示效应才明显,才能真正影响全局,司马穰苴杀庄贾就属于这种情形。

据《史记·司马穰苴列传》记载,田穰苴是春秋时期齐国著名的军事家,因官拜大司马而被后人称为司马穰苴。齐景公在位时,晋国和燕国进犯齐国,齐军被打得大败。相国晏婴向齐景公推荐了穰苴,齐景公遂任命他担任将军,派他率兵收复被晋、燕两国侵占的土地。穰苴向齐景公请求道:"我的地位一向卑微,而大王却将我从平民中提拔起来,我怕士兵们不服,希望大王能派一位自己宠信且有威望的大臣来做监军。"齐景公答应了他的请求,派庄贾担任监军。穰苴和庄贾约定,第二天正午在营门会齐。

第二天,穰苴在军营等到正午,庄贾还没有到。穰苴于是独自巡视营地,整饬军队,发布相关号令。到日暮时分,庄贾才面带醉意来到营地。原来,亲友们为他饯行,耽误了行程。穰苴怒斥庄贾恋小家而不以国家大局为重的行径,随即把军法官叫来,问道:"按照军法,部队整装待发,对于无故迟到者,该如何处罚?"军法官回答:"当斩。"庄贾十分害怕,连忙派人飞马报齐景公求救。但报信的人还没来得及返回,庄贾已被斩首示众。齐景公派的使者一路赶来,纵马驾车飞奔闯入军营。穰苴又问军法官:"驾着车马在军营里驰骋，军法上该如何处置？"军法官说："当斩。"使者一听也非常恐惧。此时，穰苴说道："国君的使者是不能斩首的。"于是，下令斩了使者的随从，并杀死了驾车的马，向三军巡行示众。

这样一来，齐军军威大振，再也没有人胆敢违抗军纪。在行军过程中，穰苴注意善待士兵，把自己作为将军专用的物资、粮食全部拿出来与士兵共享，尤其是对病弱的士兵关爱有加。晋、燕两国的军队听到这些消息，不战而退，穰苴率领齐军很快收复了失地。

"赏小"具有"一孔以窥天下"的功效，在管理者实施奖励权的时候，先从小人物入手，从小的事情入手，这样，可以表现出管理者鼓励先进的坚决态度和求贤若渴的至诚之心，从而培养员工对自己的信任感。《资治通鉴》中所记载的商鞅徙木立信的故事就属于这种情形。

公元前359年，即周显王十年，秦孝公任命商鞅为左庶长，准备在秦国实行变法。商鞅在推行变法前，害怕秦国的老百姓对新的法律持怀疑态度，于是，令人在都城南门竖立一根三丈长的木杆，并颁布命令：谁能将木杆拔起，并搬到北门，就能获得奖赏10金。大家觉得不可思议，没人去搬那根木杆。商鞅于是将奖赏提高到50金。终于，有人挺身而出，将木杆挪至北门，果然获得了50金。在取得人们的信任后，商鞅才正式颁布新的法令。商鞅变法使得秦国逐渐强大起来，为最终灭六国、统一中国打下了坚实的基础。

在企业管理过程中，不可能像将军带兵打仗那样，有那么多"杀一人而三军震"的惊心动魄举动，因此，管理者应更多地求助于

"赏小"这一管理手段，对下属细微的进步给予关注，并不断给予褒奖，通过不断地日积月累的过程，才能在下属心目中确立自己的威信。当然，在关键时候，不管当事人是谁，对某一严重违规的行为痛下"杀手"，从而起到"杀一儆百"的效果，是管理者强化并提升自己威信的有利时机。

"诛大"的运用旨在形成深刻的警示效应，以告诫人们远离那些管理者所不期望的行为，从而达到行善远恶的效果。对于管理者而言，惩罚权的实施目的主要不是惩罚当事人，而是用一种非常明确的态度告知所有的下属，哪些行为是组织所鼓励和赞许的，哪些行为是组织所不能容忍和禁止的。"赏小"的运用旨在建立良好的示范效应，以鼓励人们实施更多的管理者所期望的行为。

当然，在"诛大"之前，管理者需要掂量清楚：实施惩罚权的条件是否成熟，会不会引发众怒。正如孙子所说："卒未亲附而罚之，则不服，不服则难用也。卒已亲附而罚不行，则不可用。"（《孙子兵法·行军篇》）如果士卒还没有亲近依附就实施惩罚，他们就会不服，不服就很难使用他们；而如果士卒已亲近依附，仍不执行军法，也无法用来作战。所谓法不责众，当许多人犯同样的错误时，管理者就需要思考：到底是员工出了问题，还是管理体系本身出了问题。此时，"罪己"可能是一种明智的抉择。否则，批评或惩罚涉及面太广，可能招惹滔天大祸，动摇整个企业的根基。

第 13 章 / Chapter Thirteen

为政以德：领导艺术

先王有不忍人之心，斯有不忍人之政矣。以不忍人之心，行不忍人之政，治天下可运于掌上。

——《孟子·公孙丑上》

太上有立德，其次有立功，其次有立言。

——《左传·襄公二十四年》

孔子认为，管理的最高境界就是："为政以德，譬如北辰，居其所而众星共之。"（《论语·为政》）只要为政者自己身正，依靠道德的力量治理国家，就能像北极星那样，众星拱卫在它的周围，得到民众的拥护。对于企业领导者而言，要充分发挥各种非职位权力的积极作用，不断提升自己的领导艺术。

人性本善

"为政以德"的管理思想建立在"人性本善"的假设基础上。尽管孔子没有明确提出"人性本善",但整部《论语》却反映了这一思想,进而成为儒家主流思想,儒家的启蒙读物《三字经》开篇就写道:"人之初,性本善。"

大张旗鼓地做出这一人性假设的是孟子,他做了一个形象的比喻:"人性之善也,犹水之就下也。人无有不善,水无有不下。"(《孟子·告子上》)意思是说,人性是善的,就好比水往低处流一样,人性没有不善的,就像水没有不往低处流一样。孟子还说:"人皆有不忍人之心"(《孟子·公孙丑上》),强调每个人都有怜悯、体恤别人的心思,说的也是"人性本善"的道理。

孟子所提出的"人性本善"思想在现代管理学的"Y理论"上得到了充分的体现。麦格雷戈认为"X理论"所提出的人性假定无法反映现实的情况,所以提出了"Y理论"。他认为,人并非天生好逸恶劳,若在适当的激励下,人们不但愿意而且能够主动地承担责任,甚至会视工作如娱乐、休息一样自然;如果人们对某项工作做出了承诺,他们会进行自我指导和自我控制,以便完成任务;大多数人都具有解决组织问题的丰富想象力和创造力。

太上立德

孟子将"不忍人之心"推而广之,运用于对社会的治理中,就是"行不忍人之政",他说道:"先王有不忍人之心,斯有不忍人之政矣。以不忍人之心，行不忍人之政，治天下可运于掌上。"（《孟子·公孙丑上》）翻译成现代汉语就是，先王由于具有怜悯、体恤别人的心思，所以才有怜悯、体恤百姓的治国之道。用怜悯、体恤别人的心思，施行怜悯、体恤百姓的治国之道，治理天下就可以像在手掌心里面运转东西一样容易。

孟子"行不忍人之政"的主张是对孔子"德不孤，必有邻"（《论语·里仁》）思想的有效传承。孔子认为，有道德的人不会孤单，一定会有同他亲近的人。对于真正的君子而言，也许在短时间内或许是孤身一人，但只要假以时日，他所具备的道德力量一定会感召一批有理想、有抱负的人过来与他为伍的。在这里，孔子讲的不仅仅是一种人生体验，更是一种管理经验。

孔子还比较了不同管理手段的不同效果，指出："道之以政，齐之以刑，民免而无耻；道之以德，齐之以礼，有耻且格。"（《论语·为政》）亦即，如果用政法来引导民众，用刑罚来威慑民众，民众只能暂时免于不犯罪而已，但却没有廉耻之心；而如果用道德来引导民众，用礼仪来规范民众，民众不但有廉耻之心，而且会人人心悦诚服。孟子也有类似的表述："以力服人者，非心服也，力不赡也；以德服人者，中心悦而诚服也"（《孟子·公孙丑上》）。亦即，如果采用强力去压服别人，无法让别人心服，他们只是力量不足而已；而如果运用仁德让别人自愿归顺的，他们就会心悦诚服。

《三国演义》中所讲述的"七擒孟获"的故事是对这一观点最好的诠释。受刘备托孤遗诏，蜀国丞相诸葛亮立志北伐。此时，蜀国南方的南蛮来侵犯蜀国，诸葛亮遂率部南征，首战就大获全胜，擒住了南蛮首领孟获。但孟获却很不服气，认为胜败乃兵家常事，诸葛亮于是下令将孟获释放。如此，诸葛亮七次擒获孟获，每次又都立即释放。待孟获第七次被释之时，他深受感动，垂泪言道："七擒七纵，自古未尝有也。吾虽化外之人，颇知礼义，直如此无羞耻乎？"（《三国演义》第九十回）遂与宗族、部下一同跪下起誓：以后绝不再谋反。诸葛亮见孟获已真心臣服，便委派他掌管南蛮之地。从此，蜀国便可以不再为南蛮而担心，专心对付魏国了。

《史记·周本纪》记载的"烽火戏诸侯"的典故则以反面教材的形式验证了这一观点。周幽王是西周末代君主。公元前781年，周宣王去世，周幽王即位。即位后第3年，周幽王开始宠幸褒姒。即位后第5年，周幽王废掉了申后和太子直臼，让褒姒当了王后，褒姒生的儿子——伯服做了太子。褒姒不爱笑，尽管周幽王用尽了各种办法来逗她开心，她却仍然不笑。为了抵御外敌，周朝专门设置了烽火狼烟，一旦有敌人来侵犯，就点燃烽火，诸侯看到后就会前来救援。周幽王为了让褒姒一笑，听从虢石父的建议，点燃了烽火。诸侯见到烽火后，全都迅速赶来，却不见有敌人入侵。褒姒见到这么多兵马一通穷忙乎，哈哈大笑起来。周幽王非常高兴，因而又多次命人点燃烽火，后来，诸侯们不再相信周幽王，即便见到烽火也渐渐不来了。公元前772年，犬戎攻打周幽王，周幽王赶紧令人点燃烽火，但诸侯们怕上当，全都没有来。周幽王在骊山被杀，褒姒被掳走，西周灭亡。公元前770年，诸侯及大臣拥立被废的太子直曰为周平王，迁都洛阳，史称东周，分为春秋和战国两个时期。但由于诸侯纷争，东周实际上已经名存实亡了。

对于任何试图有所作为的企业领导人而言，先哲所提出的"太上有立德，其次有立功，其次有立言"（《左传·襄公二十四年》）这"三不朽事业"是他们应该牢记在心的。按照《左传》的说法，一个人只要在"立德"、"立功"、"立言"的某一方面有出类拔萃的表现，就可以成为不朽之人。当然，三者是有差别的，最上者为"立德"，其次为"立功"，再次为"立言"。

许多企业领导者都希望自己的企业"做百年老店"，因此，可以说，都有着成就"不朽"的梦想。在自己的任期内做出一番业绩，使企业在业界确立自己的领导地位、在消费者心目中树立自己值得信赖的品牌，就成为他们的追求，也就是说，他们有着很强的"立功"动机。而时至今日，企业领导者出版著作，发表文章，频繁地接受媒体的专访，经常出入于各种论坛并担任演讲嘉宾，甚至屡屡出现在大学讲堂上，已经是司空见惯的事情，可见，"立言"也成为许多企业领导者的追求。

但有意思的是，这些在"立功"、"立言"上都非常积极的企业领导者，却经常有负面新闻爆出，甚至一些人由于这样那样的原因，很快就遇到了麻烦，企业的业绩开始下滑，甚至本人也因为触及法律的底线受到相应的制裁。究其原因是，本应首先考虑的"立德"被他们忽略了。

如此说来，"立功"与"立言"可能让企业领导者迅速扬名立腕，但如果缺失"立德"，最终可能让这一切成为"过眼烟云"。"立德"是企业基业长青的根本，也是企业家幸福指数提升的关键。

世事洞明

可见，管理者的权力除了来自包括法定权、奖励权和惩罚权在内的职位权力，还来自各种非职位权力，这一权力主要源自管理者的个人素养及其关系资源，而非管理者所拥有的正式职位。诚如美国学者迪尔（Terrence E. Deal）和肯尼迪（Allan Kennedy）所言，"与好莱坞的票房相比，美国企业的董事会里更需要英雄人物"，而非职位权力正是塑造这些"英雄人物"的基本构成因素。正所谓"世事洞明皆学问，人情练达即文章"（《红楼梦》第五回），洞悉世间的万事万物就是长学问，而阅历丰富、通达人情世故，才能写好人生的文章。对于管理者来说，这副对联道出了非职位权力的来源，所谓"世事洞明"关注的是专长权，而"人情练达"关注的则是个人影响权，包括亲和权、关系权和道德权（见图13—1）。

"格物致知"一词出自《大学》，曾子强调："欲诚其意者，先致其知；致知在格物。"（《大学·总纲》）"格物致知"可以解释为：穷究事物的原理法则，总结上升为理性知识。这样，就可以做一个真正的明白人，行事不犯糊涂。

知识就是力量，知识意味着权力，人们往往倾向于接受专家的

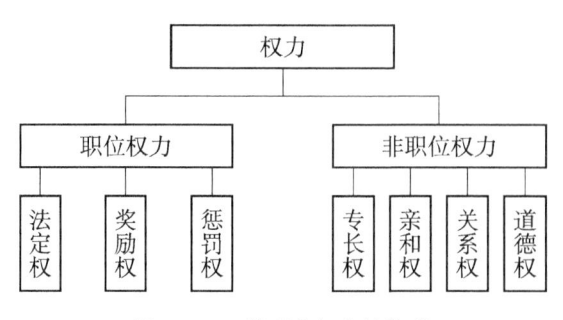

```
                        权力
                    ┌────┴────┐
                 职位权力    非职位权力
               ┌───┼───┐  ┌───┬───┬───┐
              法  奖  惩  专 亲  关  道
              定  励  罚  长 和  系  德
              权  权  权  权 权  权  权
```

图13—1　管理者权力的构成

建议。当管理者具备了深厚的专业特长、成为某一领域的专家时，员工就容易受他的影响，此时，他就拥有了专长权。有人形象地将"格物致知"所形成的专长权比喻为"皇帝的理发师"，皇帝高高在上，但当理发师给他理发时，他却非常配合，原因就在于理发师的"行家里手"身份。

专长权是管理者多年积累、长期修炼的结果，其外在表现为深厚的教育背景、丰富的从业经历以及辉煌的相关业绩。一个专业素养很高的管理者必定会得到人们的尊重，使人们对其产生信赖感，从而增强其号召力；反之，若他业务不精，即便职位再高，人们也难以对他信服。在分工日趋精细化的大背景下，精通专门知识和技能的管理者在企业中的地位越来越重要。对于一位新加盟某家企业的管理者，即所谓的"空降兵"而言，要让新的上级、同事和下属心服口服，更应该充分发挥专长权，以专业化的素养着手开展工作，迅速确立自己的威信，坚定别人对自己的信任。

正如诸葛亮所说的那样："非学无以广才，非志无以成学。"

（《诫子书》）意思是说，如果不学习就无法拓展才能，而如果没有志向则不能学有所成。专长权的获得与强化需要一个长期的过程，因此，管理者平时就应该做一个有心人，在相关领域内不断强化自己的素养。同时，管理者应选择某种或某几种容易让人接受的途径，让其上级、同事和下属了解其教育背景、工作经验以及在专业领域内所取得的成就，而不要给人"王婆卖瓜"之感。

人情练达

要做到"人情练达"，管理者需要在亲和权、关系权和道德权上下足工夫。

1. 和为贵

"和"是儒家学派的核心概念之一，正所谓"礼之用，和为贵"（《论语·学而》），"和"是儒家治国、为人的基本价值标准。一个善于在管理过程中身体力行"和"这一行为准则的管理者，就拥有了一种很重要的非职位权力——亲和权。

《三国演义》第四十一回至第四十二回中曾讲述，建安三十年（公元208年），刘备在当阳惨败于曹操，与妻、子失散。在此危难之际，赵云拼死冲杀，七进七出，在曹军重围之中，救出刘备之子、小名阿斗的刘禅。赵云冲破曹军围堵，追上刘备，将阿斗交给他。不想刘备一接过阿斗，就将他掷于地上，愠而骂之："为此孺子，几损我一员大将！"赵云抱起阿斗，连连泣拜："云虽肝脑涂地，不能报也。"刘备摔阿斗，就是为了充分调动自己的亲和权。东汉末年，群雄逐鹿，各自都在网罗人才，壮大实力。赵云是难得的将才，是刘备成就霸业重要的可依靠力量。刘备的这一举动既强化了赵云誓死追随之心，又感化了在场的所有将士，这正是刘备从"织席贩履之徒"成长为三分天下有其一的霸主的重要原因。

无论是政坛领袖，还是企业大亨，都非常重视亲和权的运用。1933 年，经济危机给予美国沉重的打击。为防止人们挤兑，在 50 个州中，有 23 个州的银行停业。同时，整个国家黄金储备急剧下降，失业人口大增，国民经济到了崩溃的边缘。此时，刚继任的罗斯福总统来到华盛顿，按照惯例，于 3 月 4 日发表就职演说。出人意料的是，罗斯福的演说以和朋友谈心的方式展开，他毫不掩饰地将美国所面临的困难告诉大家，对危机的原因做了细致的分析，并坦诚告诉人们，为战胜灾难，他能做什么，公众能做什么。罗斯福的亲和力征服了公众，第二天一大早，银行门前排起了长队，人们赶着去存款，而不是去挤兑。到了 4 月，十几亿美元的资金重新回到银行，使得美国银行业率先恢复运转，为摆脱危机撕开了一道口子。

亲和权能提高沟通的效率，是企业管理层团结员工、搞好队伍建设的关键资源。作为微软的第 16 位员工，鲍尔默（Steve Ballmer）于公司创业后的第 6 年加盟微软，后来担任微软的 CEO。鲍尔默通过他独特的激情管理，使亲和权得到了最大限度的运用，并确立了自己在微软的威信。身材魁伟、大嗓门的鲍尔默属于天生的激情派，具有激励员工的天赋。他认为，激情对管理者而言是一种非常重要的素质，不仅自己要有激情，而且他的管理要让周围的人都有激情；激情不是瞬间的一种状态，而是一种文化。无论在公共场合发言，还是平时会谈，他总是时不时地将攥紧成拳头的手在另一只手上击打，并以高昂的语调表达自己的观点，以至于1991年在一次公司会议上，因喊得太猛，他不得不住院动手术治疗嗓子。鲍尔默的激情管理不仅对微软的员工产生了强大的凝聚力，而且在合作伙伴和客户中塑造了微软诚信的商业形象。

2. 左右逢源

"左右逢源"源自《孟子》："君子深造之以道，欲其自得之也。自得之，则居之安。居之安，则资之深；资之深，则取之左右逢其原，故君子欲其自得之也。"（《孟子·离娄下》）在这里，"原"通"源"，翻译成现代汉语就是，君子按照正确的方法来获得高深的造诣，就需要他自觉地有所得；自觉地有所得，就能牢固掌握这一方法而不动摇；牢固地掌握它而不动摇，就能将德行积蓄很深；德行积蓄很深，就能任意择取，左右逢源，因此，君子在培养自己的道德时，就应该自觉地有所得。在孟子的本意中，"左右逢源"是一种道德修养方法，而今天，"左右逢源"更多地用于描述交往甚广、甚厚的关系权，这是管理者可资利用的一种重要资源。

《宋史·石守信传》中记载的"杯酒释兵权"的典故就建立在合理利用关系权的基础上。公元960年，后周殿前都检典、归德节度使赵匡胤在陈桥发动兵变，黄袍加身，夺取天下，成为宋朝的开国皇帝——宋太祖。赵匡胤即位后不到半年，就有两个节度使起兵反对自己，虽然很快平定了叛乱，但他心里总不太踏实。因此，他征求宰相赵普的意见，赵普建议削减藩镇权力，将兵权集中到朝廷。

公元961年的一天，宋太祖在宫中宴请石守信、王审琦等几位老将，酒过三巡，他屏退左右，说道："没有你们的帮助，我不会有现在的地位。但做皇帝也有很大的难处，这一年来，我没有一夜睡过安稳觉。"石守信等人十分惊讶，忙问缘由。宋太祖解释道："这还不明白？皇帝的位子谁不眼红？"石守信等人慌忙跪下，纷纷表达自己的忠心。宋太祖接着说道："对你们几位我还信不过吗？只怕你们的部下有人贪图富贵，将黄袍披在你们身上，你们会怎么样？"宋太祖接着开导说："我替你们着想，不如把兵权交出来，到地方上做个闲官，多置良田美宅，给子孙留点家业，快活安度晚年。这样，君臣之间彼此毫无猜疑，不是很好吗？"石守信等人连声称好。第二天上朝，每人递上一份奏章，要求告老，宋太祖一一照准，只给他们保留了一些无权的虚衔，同时赏赐给他们丰厚的财物，顺利地收回了兵权。

宋太祖之所以能轻而易举地在杯酒之间解决了这么棘手的问题，就在于事先他非常透彻地分析了自己和石守信等人的关系，利用君臣之间以往多年的生死之交所形成的紧密关系，通过说体己话的方式，很自然地实现了权力的转移。企业管理者平常也应该注意建立、维护和运用自己的关系资源，与上级、同事和下属建立和谐、融洽的关系，确立强有力的关系权。

管理层也可以通过强化员工之间的人际关系而加强企业的凝聚力。在日本的一些大企业中，为了提高员工对企业的忠诚度，对员工实施终身雇佣制，只要员工不犯错误，企业就不会轻易解雇员工，直至员工退休。但终身雇佣制的一个负面效应就是员工升迁缓慢，年轻人很难得到迅速的提拔，他们的心理该如何平衡呢？在这些企业中，根据员工的兴趣、爱好，形成了名目繁多的"工作会"，每个员工是8~12个"工作会"的成员。人们非常看重自己在这些"工作会"中的成员资格，成员资格改变了员工的态度、信仰乃至自我形象，使员工得到了更大程度的满足。

3. 政者正也

孔子曰："政者，正也。子帅以正，孰敢不正?"（《论语·颜渊》）在孔子看来，管理的关键是"正"，如果管理者自己身正，那么，在他管辖下的各级管理人员以及普通员工就没有不正的。在各种非职位权力中，"政者，正也"所确立的道德权最具魅力。

孔子深知道德权的价值，指出："其身正，不令而行；其身不正，虽令不从。"（《论语·子路》）对于为政者而言，只要他自己身正，即便他不去下达命令，别人也能自觉自愿地去做有利于国家的事情；而如果他自己身不正，即便他下达命令，别人也不会服从。孔子还说："苟正其身矣，于从政乎何有？不能正其身，如正人何？"（《论语·子路》）意思是说，为政者自己身正，管理国家就没有什么困难，但如果自己身不正，又有什么资格去矫正别人呢？

孔子所提出的"不令而行"的治国之策同样适用于管理企业。己不正则无法正人，这是企业管理者必须认识到的基本管理规律。

然而，许多企业领导者却与此背道而驰，一切规矩、条例、流程之类的东西，永远是针对下属的，用以约束别人的行为，而自己永远是规则的制定者，不应成为规则的约束对象。在一些企业中，这一条甚至已经成为人人皆知的潜规则，员工已经见怪不怪了。

在这样的情况下，企业领导者尽管可以通过严厉的惩罚措施让下属屈从于自己，在自己面前成为老老实实的听话者，但问题在于：他有没有能力时时刻刻都密切监督着下属。当他不在场时，或者当他监控不力时，这种特殊的权力意识自然很容易蔓延开来，久而久之，必然导致"上梁不正下梁歪"的现象发生，特权意识充斥着整支管理队伍，企业将弥漫着不健康、不阳光的氛围，最终让所有的员工寒心。

因此，儒家提倡以身作则，认为管理者必须是"为人师表者"。正如孔子所言："上好礼，则民莫敢不敬；上好义，则民莫敢不服；上好信，则民莫敢不用情。"（《论语·子路》）处于上位者只要能讲礼仪，则民众便没有人不敬；处于上位者只要能讲仁义，则民众便没有人不归顺；处于上位者只要能讲信用，则民众便没有人不动真情。儒家所重视的这种"上行下效"机制与道家所主张的"行不言之教"(《老子》第二章)的思想具有异曲同工之妙。管理者需要用自己的实际行动去教育、感化和影响下属。

据《韩非子·外储说左上》记载,春秋时期,齐桓公喜欢穿紫色的衣服,齐国上至朝臣、下至百姓,大家纷纷效仿,致使紫绢的价格飞涨,相当于白绢价格的5倍。齐桓公犯了愁,就向相国管仲征求意见:"我喜欢穿紫色衣服,结果全国百姓也跟着穿紫色的衣服,导致紫绢价格大涨,我该怎么办呢?"管仲回答道:"您如果想遏制这一现象,何不试着自己不穿紫色的衣服,并对左右的人说,您讨厌穿它。"齐桓公照办了。结果,朝廷官员不再穿紫色的衣服,都城的百姓也很快不穿了,最终,齐国境内也没有人穿了。

管仲(公元前719年—公元前648年)

名夷吾,字仲,被尊称为管子,春秋时期齐相。在任期间,大兴改革,发展经济,拓展商业,达到了富国强兵、助齐争霸的效果,被誉为"华夏第一相"。其思想集中体现于《管子》一书中,该书内容丰富,是研究先秦思想的重要典籍。

由于处于上位者的率先垂范,使不良习气迅速消于无形。管理

者要经常提醒自己，不要任由"只准州官放火，不许百姓点灯"的特权意识滋长。

孔子的学生子路曾经问为政之道，孔子的回答是："先之劳之。"（《论语·子路》）子路希望老师讲得更具体一些，孔子接着说："无倦。"（《论语·子路》）孔子给企业管理者指明了非常清晰的"立德"之道：先于下属勤奋地工作，才能让下属勤劳，而且，永远不要让自己懈怠。可见，榜样的力量是无穷的，与其让下属怎样去做，不如领导者先作出表率。在战场上，一位将军身先士卒，高喊："兄弟们，跟我上！"他用实际行动在教育士兵：应该奋勇杀敌，士兵们自然会纷纷响应。而如果他龟缩在最后面，口中却高喊："兄弟们，给我上！"谁都清楚刀剑无情，因此，人人畏死，整支军队士气全无。在企业管理中，榜样的力量也同样强大。身教重于言教，管理者不能仅仅把自己看成是"管人的"，更重要的是"教人的"；不能只想着管理好别人，更重要的是管理好自己。"正己"是"正人"的基本前提，也是管理好企业的重要基础。

刚柔相济

对于任何一个企业，不可能绝对地依靠"法者王本"的制度管理，也不可能绝对地依靠"为政以德"的领导艺术。过度依赖法治手段，虽然可以让整个企业的管理井然有序，强化员工的执行力，却容易导致企业的凝聚力下降,一旦企业遭遇困境或市场上的竞争对手大肆挖人,一个貌似强大的企业很可能在瞬间坍塌;而过度依赖德治手段,虽然可以使企业形成其乐融融的大家庭氛围,强化企业对员工的向心力,却容易导致员工组织纪律性涣散,到处"和稀泥"、相互给"面子"等不良现象经常发生,使企业面对激烈竞争的市场丧失战斗力。只有法德相济,双管齐下,才能最终取得理想的管理成效。战国时期著名军事家吴起就很好地把握了这一点。

《史记·孙子吴起列传》中记载,吴起在魏国担任主将时,与士兵同甘共苦,跟普通士兵穿同样的衣服,吃同样的伙食,睡觉不铺软垫,行军时既不乘车也不骑马,而且亲自背着粮食。有位士兵身上长了一个大毒疮,吴起替他将脓水吸吮出来。这位士兵的母亲听说这件事情后,放声大哭,别人很是不解,问道:"你的儿子只是一个普通士兵,将军却亲自替他将脓水吸了出来,你怎么还哭呢?"那位母亲回答道:"以前,吴将军替孩子的父亲吸吮毒疮,结果,孩子的父亲在战场上勇往直前,最后战死沙场。如今吴将军又给我的儿子吸吮毒疮,我不知道他又会在什么时候死在什么地方。所以,我才哭啊!"

与"吴起吮疽"的典故形成强烈对比的是发生在吴起身上的另一件事情。据《尉缭子·武议》记载,有一次,吴起指挥魏军与秦军对阵,在尚未击鼓交锋之际,魏军中有个士兵按捺不住杀敌的冲动,勇猛地冲向敌军阵营,斩获两个敌人的首级,返回魏军阵营。此时,吴起立刻下令斩杀该士兵,军中执法官劝谏道:"这个士兵十分勇敢，非常有才干，请将军不要斩杀他。"吴起回答道："他的确很勇敢，但没有按照我的命令去做，当斩不赦。"

吴起的做法非常符合孙子的统兵原则，一方面，他注重德治，强调爱兵如子，这样才能在士兵中建立自己广泛的群众基础和良好的口碑；另一方面，他强调法治，认识到"厚而不能使，爱而不能令，厚而不能使，乱而不能治，譬如骄子，不可用也。"（《孙子兵法·地形篇》）意思是，如果将军厚待士兵却不能指使他们，抚爱士兵却不能命令他们，士兵违法、乱纪却不能对他们予以惩治，这样的士兵就好像宠坏的孩子一样，是不能用来打仗的。吴起恩威并施、刚柔相济的管理之法，确保了所统帅军队的号令统一。

商鞅的命运则从反面说明了刚柔相济的重要性。据《史记·商君列传》记载，商鞅是促使秦国强大的大功臣，正是由于他在秦孝公在位时期大力推行变法，废井田，开阡陌，实行郡县制，奖励耕织和战功，才奠定秦国逐渐强大的基础。但商鞅之法过于刻薄，设连坐之法，制定了非常严厉的刑罚。太子犯法，商鞅对太傅公子虔及太子的老师公孙贾施以刑罚。后来，太傅公子虔再次犯法，商鞅又对他施以割鼻之刑。过于注重刚性手段而忽视柔性手段的商鞅遭到了秦国贵族的怨恨。在秦孝公去世后，秦惠文王即位，商鞅被诬告谋反，于是四处逃亡，但却没人收留，最终被秦惠文王处以车裂之刑。

在现代企业中，管理层在"法"、"德"两手抓的同时，必须正确地认识清楚两者之间的关系：作为企业管理的不同手段，"法"是基础,"德"是补充;"法"是底线,"德"是更高标准。

一个企业的有效运行,首先有赖于规章制度的建立健全。在制度缺失的情形下,试图依靠领导人的垂范、员工的自觉,来建立并维持企业的正常秩序,不是说不可能,但却只能在一些非常特殊的情形下,比如企业初创、规模很小且创业团队成员高度团结的时候,才能发挥作用。制度建设到位是企业健康、高效运行的基础。

比如,企业文化建设成为许多企业关注的热门话题,对于一些企业领导人而言,甚至成为第一要务。理由很简单,企业文化是企业的黏合剂,企业文化建设越到位,员工对企业的忠诚度也就越高。对于那些制度相对健全的企业来说,企业文化建设无疑有助于企业的管理水平跃升到一个新的台阶上。但有意思的是,一些企业在基础管理还很薄弱的情况下,就开始大搞、特搞企业文化建设,特别是如果"一把手"对企业文化情有独钟,更是如此。其突出的问题是,在制度建设缺位的前提下,企业文化的"单兵突进"会由于缺乏有力的支撑条件而无法顺利推进,更让人担心的是,这样的企业文化建设极有可能演变成"一把手"独裁的"幌子",沦落为企业中"人治"侵蚀"法治"的工具。

企业管理层还必须认识到,"法"是对员工的底线要求,而"德"是更高标准的要求。因此,在制定企业规章制度的时候,一定要切合实际,让那些大部分人能够自觉履行的责任固化为规章制度,对违规的少数人给予严厉的惩罚,而不能任意地拔高标准,将只有少数人能够履行的职责固化为规章制度,但这样的规章制度实施起来却非常困难，结果，只能是制度上写一套，实际行动上做一套，久而久之，不仅这一规章制度施行不到位，还对其他规章制度的施行造成极其恶劣的影响，导致企业中员工行为的异化。

在这一问题上，柳传志的认识很深刻，他认为，高层要有事业心，中层要有上进心，基层要有责任心，对不同管理层级的要求存在很大的梯度差异。所谓责任心，是规章制度的底线要求，属于"法"的范畴，是必须做到的，只有基层各尽其责，企业的正常秩序才能有保障；所谓上进心和事业心，是更高标准的要求，属于"德"的范畴，但这种"德"的标准不能强加到每一位员工的头上，因此，是对中层管理者和高层管理者进一步的希望，这是企业所鼓励和期望的，但没有必要也暂时难以升格为强制性的要求。显而易见，事业心的层次远远高于上进心的层次。对不同的管理层级所做出的梯度性要求，使企业既能脚踏实地，又不会丧失理想、追求和前进的动力。

当然，"法"与"德"之间并非是泾渭分明的，随着员工整体素质的提高和企业总体管理水平的上升，原来处于"德"的层次的期望可能转变为"法"的层次的要求。如此循环往复，企业的管理水平得以不断提升。正如华为的创始人任正非所说的那样："我们崇尚雷锋、焦裕禄精神，并在公司的价值评价和价值分配中体现，绝不让雷锋们、焦裕禄们吃亏，奉献者定当得到合理的回报。"

第 14 章 / Chapter Fourteen

事因于世：创新管理

不期修古，不法常可。

——《韩非子·五蠹》

论至德者，不和于俗；成大功者，不谋于众。

——《商君书·更法》

作为战国时期最著名的改革家，商鞅曾大张旗鼓地提出："三代不同礼而王，五霸不同法而霸。"（《商君书·更法》）他告诫秦孝公，欲成霸业，必须变法，这是因为：夏、商、周三个朝代的礼制各不相同，却都成就了王业；而齐桓公、晋文公、楚庄王等春秋五霸的法度各不一样，却都成就了霸业。"三代不同礼而王"是从时间的维度展开分析，而"五霸不同法而霸"则是从空间的维度展开分析。我们将前者归纳为创新（innovation），将后者归纳为权变（contingency）。当然，在这里，权变使用的是狭义的概念，广义的权变也包括因时而变，此时，创新的内容应包含在广义的权变概念内。创新与权变不仅是国家变法图强、发展壮大的基石，也是企业确立竞争优势、确保可持续发展的根本。韩非子认为："事因于世，而备适于事。"(《韩非子·五蠹》)强调情况因时代不同会发生变化，而措施一定要适合当时的情况。对于企业而言，在迅速变化的环境下，创新也就成为必然的选择。

商鞅（公元前395年—公元前338年）

姬姓公孙氏，因战功获封商于十五邑，号为商君，因此被称为商鞅，系法家代表人物。秦孝公当政期间，任用商鞅推行变法，改革土地制度，严格法律条文，主张重农抑商，奖励军功与耕织，让秦国得以强大。秦孝公去世后，商鞅因被诬告谋反而被杀害。其主要思想系统体现在《商君书》一书中。

不法常可

北宋大文豪欧阳修在其名作《卖油翁》一文中，讲述了一个很值得玩味的故事。陈尧咨擅长射箭，当世无人能与他相比，他本人也以此为自豪。有一次，他在自家的园圃里射箭，有个卖油翁放下

第 14 章　事因于世：创新管理

担子，站在一旁，不在意地斜着眼看他，久久也不离去。看到陈尧咨射箭很准，他也只不过是微微点头而已。陈尧咨于是问道："你也会射箭吗？我射箭的本领不够精湛吗？"卖油翁回答说："没有什么奥秘，只不过是手熟罢了。"陈尧咨颇为愤愤不平，说道："你怎敢轻视我射箭的本领？"卖油翁说道："凭我倒油的经验就懂得这个道理。"于是，卖油翁也露了一手绝活：将油葫芦放在地上，用铜钱覆盖其口，油通过小小的铜钱孔注入油葫芦中，铜钱却不曾沾湿。卖油翁于是又强调道："我亦无他，唯手熟尔。"陈尧咨无奈，只好笑着将卖油翁打发走了。

卖油翁所讲的"唯手熟尔"的道理，用现代管理学语言来讲，就是经验曲线效应（experience curve effect）。早在 1960 年，波士顿咨询集团的布鲁斯·亨得森（Bruce D. Henderson）就提出了这一概念，他发现：生产成本和累计产量之间存在相关性，当累计产量增加时，生产成本趋于下降。此后的相关研究结果表明，由此所致的成本下降比率在 10%～30% 之间。经验曲线效应不仅在生产领域中应验，而且广泛作用于其他各个领域。事实上，累计产量的增加也就意味着经验的积累，即随着在某一方面经验的积累，平均成本呈现出下降的趋势。

引发经验曲线效应的原因多种多样。当事人熟练程度的提升是经验曲线效应出现的最基本原因。无论是神箭手还是卖油翁，概莫能外。在现代企业中，这种熟练程度不仅体现在一线员工身上，也体现为面对类似的情境，管理者决策效率提高，处理问题更加迅速。

经验的积累使得生产作业、管理流程更加标准化，而每个人可以专业化地从事某些特定的任务，效率因此得以实现突飞猛进的提升。而且，当企业在某个方面获得经验后，还可以推而广之，将这些经验运用于其他各个方面，范围经济也就得以实现。

将经验曲线效应用好、用足，是企业提升竞争力从而最终提升业绩的重要手段。一种作业方式得以固化为企业的标准业务流程，一种管理方法得以升级为企业的规章制度，一种观念得以定格为企业的价值取向，都将逐渐培养出惯性力量，形成经验曲线效应，使生产或管理过程得以简化，效率得以提高。有鉴于此，许多企业便倾向于沿袭已有的战略模式，倾向于扩大某种产品的生产量，倾向于反复采用那些已经熟悉的管理手段和方法。

然而，经验曲线奏效的前提条件是相对稳定的环境，也就是说，其赖以发挥作用的环境是否依然存在非常关键。在相对稳定的环境下，经验曲线效应非常明显；而在动态变化的环境下，经验曲线具有非常强的不连续性，可能突然截断。这就好比一辆高速行驶的汽车，在路况良好的情况下，高速度所形成的强大惯性力量是驾驶过程中用以节油的手段，但如果突然遭遇紧急状况，强大的惯性力量对于驾驶员而言反而意味着灾难。然而，可怕的是，人们往往习惯于惯性力量的推动，而对环境的变化无动于衷。

每一条经验曲线都有着非常强的自我强化和路径依赖机制，使人们不自觉地强化自己的选择，不轻易走出自己所选择的道路。此时，"唯手熟尔"就演变成一柄"双刃剑"，它既可能是效率的源泉，也可能成为发展的障碍。成功的企业之所以成功，得益于"唯手熟尔"的鼎力相助；失败的企业之所以失败，"唯手熟尔"同样具有不可推卸的责任。

特别是在变化面前，许多企业管理者往往秉持自信，很少怀疑以往成功的模式在当前的价值，长此以往，企业昔日的力量源泉将逐渐蜕变为企业发展道路上的羁绊，成为阻碍企业可持续发展的绊脚石。这就好比田螺的壳，当田螺的肉体还很小的时候，厚厚的壳是保护它不受外界侵蚀的屏障，但当田螺的肉体逐渐长大之后，这层厚厚的壳恰恰成为阻碍它进一步成长的最大束缚。

众所周知，为了实现"让所有美国人都能够拥有汽车的梦想"，作为福特汽车的创始人，亨利·福特（Henry Ford）发明了流水线生产方式，推行大规模生产，并努力寻找提高生产效率、节约生产成本的各种方法，最后，福特公司只生产一款汽车——没有任何附加装置的黑色 T 型福特轿车。凭借这种极端的大规模生产方式，到 1914 年，福特公司一举成为美国最大的汽车公司。但在人们收入水平不断提高、购买力不断提升的条件下，福特公司这种大规模生产方式很快就被通用汽车公司推出的多品牌、多品种战略击败，因为不同阶层的人对汽车的消费需求差别非常大。到 1946 年亨利·福特被迫辞职时，福特公司已经负债累累。福特公司曾经的优势摇身一变成为它巨大的拖累。

因此，经验曲线并非"万应灵药"，经验的积累所带来的平均成本的下降总是存在一定的限度。当到达这一极限后，平均成本便趋于稳定，在环境突变的情况下，还会转而上升。因此，在动态变化的环境下，"不期修古，不法常可"（《韩非子·五蠹》）就成为智者的选择。韩非子强调，只要有利于国家的发展，圣人不要求遵循古代的法制，没有必要效法旧有的规章制度。此时，创新就提上了议事日程。

事实上，战国时期，变法的呼声之所以如此高，诸侯变法的动机之所以如此强，李悝、吴起、商鞅、韩非子等人的变法主张之所以为各国君王所接受，就是因为那是一个环境高度动态变化的时代，诸侯之间相互争霸，战争频繁发生，在从周元王元年（公元前475年）至秦王政二十六年（公元前221年）的254年中，发生大大小小的战争230次，强者生存、弱者淘汰成为诸侯争霸的基本法则。

为劝诫君王变法，《韩非子·五蠹》讲了一个生动的寓言故事：宋国有一个农夫，他的田里有个树桩。有一天，一只兔子跑来，一不小心撞在树桩上，撞断脖子死了。农夫于是放下锄头，守望着树桩，希望再捡到别的兔子。结果，再也没捡到便宜，却成为宋国人的笑柄。韩非子指出，试图沿用古代帝王的办法来治理当代的人民，跟"守株待兔"一样愚笨。

庄子也认识到，"故礼义法度者，应时而变者也"（《庄子·天运》），并打了一个形象的比喻：如果捉到一只猿猴，给它穿上古代圣贤——周公的衣服，它必定会撕裂、咬碎，直到全部扒光身上的衣服而后快；古今之间的差异就像猿猴不同于周公一样。庄子的言外之意是，如果试图用老办法来解决新问题，那是无论如何都做不到的。

第 14 章　事因于世：创新管理

事异备变

基于"世异则事异"(《韩非子·五蠹》)的情形，管理者就应该做到"事异则备变"，(《韩非子·五蠹》)，亦即时代不同了，情况也就不同了；情况不同了，措施也要随之做出改变。这也就是商鞅所提倡的"世事变而行道异也"(《商君书·开塞》)。随着环境的动态性越来越强，创新应成为企业发展的主旋律。

根据经济学家熊彼特（J. A. Schumpeter）的定义，创新是指把一种前所未有的关于生产要素的"新组合"引入生产体系。这种新组合包括：第一，引进新产品；第二，引进新技术；第三，开辟新市场；第四，控制原材料新的供应来源；第五，实现工业的新组织。前两种情形属于技术创新，后三种情形属于经营管理创新。

无论哪一种情形的创新，首先都是对惯性思维模式的突破，也就是说，创新先要从"头"开始，尤其是从"头"的"头"，即从领导层的观念开始。这也是先秦时代的改革家之所以花大量的时间和精力游说各诸侯国君王的原因，比如，商鞅之于秦孝公，韩非子之于秦王嬴政。当然，如果企业领导者能主动认识到环境的变化，并深刻地意识到创新的重要性，则创新的速度和效率就会大大得以提高。

英文里有一个词"entrepreneur"，译成中文可以是"企业家"，也可以是"创新者"。从中可见，企业家最重要的特点就是创新，需要不懈地与时俱进。所谓企业家精神，首先就是创新精神。如果一个企业的领导者不善于创新，即便他的企业规模很大，即便他是企业最大的股东，也难以称得上真正的"企业家"。IBM 对全球 CEO 的调查显示，有 65% 的公司 CEO 表示在未来两年内计划对企业进行大刀阔斧的改革，集中力量对企业的商业模式和运作进行创新。可见，当前，越来越多的领导者开始注重创新问题。

即便认识到了"事异备变"的必要性和紧迫性，由于"备"的选择与组织有问题，创新也会以失败而告终。在企业技术创新的过程中，很容易出现以下几种错误的倾向。

其一，在以职能管理为基本导向的企业组织结构中，将技术创新仅仅看做工程部门或研发部门的事情，技术创新的责任最终落到工程部门或研发部门经理的头上。此时，技术创新往往容易出现由于高层管理者重视不够或者部门之间相互扯皮而失败的现象，这是许多企业技术创新失败的根本原因所在。

其二，将技术创新看做纯粹的费用支出，而不是一种具有很高回报水平的投资行为。因此，在企业的经营管理面临一系列压力的时候，许多企业在压缩其他成本支出的同时，往往大幅地压缩技术创新支出。由于技术创新的投资回报具有较长的滞后期，虽然技术创新支出的压缩有利于改善短期的财务状况，但却属于竭泽而渔的做法，对企业长期收入的增长不利。

其三，忽视技术创新的需求端管理。面对技术创新，管理者关注的焦点大多是企业中研发人员的数量、研发团队的水平、研发经费的投入、实验室的建设、实验仪器的配备等问题,却往往忽视顾客的需求。企业经常一厢情愿地开发出某款新产品,或者针对某一产品设计出许多新的功能,结果却事与愿违,根本打动不了顾客。或者理所当然地认为,企业努力塑造的产品某方面的价值能够 100% 让顾客理解、认同和接受,殊不知,由于缺失恰当的价值信号传递机制,产品"最完美的一面"往往被湮没,其市场销售业绩自然也就不理想。创新的技术端管理固然重要,而创新的需求端管理更为关键,否则,很可能出现"曲高和寡"的现象,再好的产品也无人问津。

其四,对技术创新的过程缺乏有效的管理,许多企业技术创新团队的负责人往往出身于研发部门,是某一技术领域的行家里手,具有非常高超的研发能力与水平。当他从事某一具体的研发工作时,往往能够独当一面,做出突出的成绩;而一旦他领导一个团队时,却往往力不从心,不能形成"1+1>2"的效果。因此,在这种职位转换的过程中,是否具有管理潜质就应该成为选拔技术创新团队负责人一个重要的评判标准,而管理能力培训也就成为技术创新团队负责人上岗前的必修课。遗憾的是,许多企业并没有很好地意识到这些问题。在美国,企业 80% 以上的技术创新失败都是由于对创新过程管理不当造成的。对于中国企业而言,这一现象同样严重。

对于经营管理创新来说,由于较重大的创新活动一般实施周期比较长,实施难度比较大,因此,许多企业的管理层往往不重视战略转型、管理升级、体制优化等问题,而致力于去做那些立竿见影的事情,导致企业的基础管理很薄弱。尤其是在所有权与经营权分离的情况下，作为代理人的经理层很容易陷入这种思维模式之中，对作为委托人的投资者极为不利。

在经营管理创新的过程中，找到企业内阻碍创新的制约因素非常重要。而消除阻碍创新的瓶颈环节，是一项非常复杂的系统工程，需要从多个方面入手，否则，厚此薄彼或顾此失彼，对于解决问题没有任何好处。

不谋于众

创新是企业持续增长的引擎，无论是技术创新还是经营管理创新，对于企业的发展、壮大都具有重要的意义。但不可否认的是，对于选择走创新之路，尤其是将创新作为企业发展常态的企业来说，必然会面临许多困难。而创新之所以困难，难就难在需要克服很大的转换成本（switching cost）障碍。由于缺乏对创新过程中转换成本的深刻认识，许多企业的创新活动往往无功而返，以失败而告终，不能不引发人们的思考。在这一过程中，尤其考验企业领导人的决断力与执行力。当面临巨大的转换成本障碍时，企业领导人需要记住："论至德者，不和于俗；成大功者，不谋于众。"（《商君书·更法》）意思是说，谈论最高道德的人不会向世俗的论调妥协，而成就杰出功绩的人不会与一般人商议。

对于企业而言，在创新的过程中，转换成本障碍始终存在。以经营管理创新为例,如图 14—1 所示,如果企业沿袭原有的某种管理方法,平均成本的变化趋势用经验曲线 1 表示。可以看到,在经验曲线 1 到达 A 点之后,平均成本的下降空间已经不大了。企业的管理层觉察到这种变化趋势,决定在 A 点引进新的管理方法,此时,平均成本的变化趋势用经验曲线 2 表示。

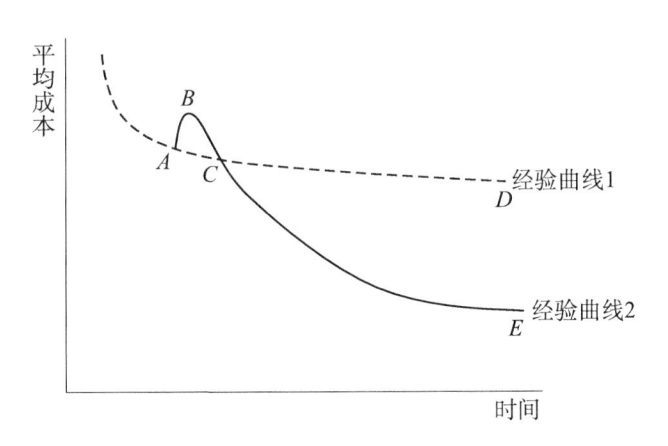

图 14—1 创新的转换成本障碍

由于转换成本的作用,平均成本从 A 点开始上升,在 B 点达到最高值。此后,由于人们对新的管理方法越来越熟悉,不断累积的经验逐渐发挥作用,平均成本趋于下降,从 C 点开始,平均成本已经低于经验曲线 1 所对应的平均成本,经营管理创新的效用显现出来。在图 14—1 中,区域 ACB 的面积代表的是由于新的管理方法的采用而不得不承受的转换成本,而区域 DCE 的面积代表的是由于新的管理方法的采用而带来的成本节约或收益提高。显而易见,收益提高远远高于转换成本,从长远的角度而言,采用新的管理方法的决策极为明智。

但可惜的是，许多企业在创新过程往往半途而废，原因在于：它们难以承受由于转换成本的存在而导致的平均成本迅速攀升的压力。此时，在企业里，各种非难和攻击会不绝于耳，给推动创新的管理层以非常大的压力。一旦管理层顶不住这种压力，企业可能又退回到以前的管理方法上，回归到经验曲线1所确定的轨迹上。一场轰轰烈烈的经营管理创新活动就这样中止了，而这种不良的"示范效应"又给未来潜在的创新者敲响了"警钟"，使得他们缺乏创新的决心和勇气。

创新总是与一定程度的转换成本相伴而生的。对创新构成障碍的转换成本主要包括两种类型：其一是客观存在的转换成本；其二是人为设置的转换成本。

就客观存在的转换成本而言，又包括两种类型：一是企业创新所带来的原有资源的报废或失效；二是无论使用新的设备、技术、工艺，还是采用新的经营管理手段、方法或实施新的战略，都需要付出学习成本。比如，企业刚买了一台最新型号的设备，以便替换老型号的设备，由于工人对新机器的性能还不熟悉，尽管其生产效率要远远高于老设备，但在最初几周的时间里，经常性地发生操作问题，实际生产量反而较以前有所下降，这就是设备更新带来的转换成本。如果承受不了这一转换成本，企业可能向设备供应商退货，重新求助于老设备，那么，新设备所带来的诸多好处，包括加工速度更快、质量更加稳定等也就不复存在了。更糟糕的是，企业因此而额外付出的转换成本也就白白打了水漂，而且还需要支付额外的退货费用。再如，研发部门购买了一套新的产品设计软件，为此，企业支付了一大笔软件购置费用。此外，还需要组织专门的研发人员培训，为此，不仅要支付额外的技术培训费用，而且还可能影响当前正在实施的新产品研发进度。而新的设计软件的运用又需要一定时期的磨合，在此期间，使用效果可能大打折扣，甚至容易出错。凡此种种，都构成客观存在的转换成本。

而人为设置的转换成本则来自创新可能遭遇人们有意制造的各种阻力。如果说客观存在的转换成本人们尚容易理解，在创新之前通常会被纳入统筹考虑的范围之列，那么，人为设置的转换成本经常超出企业管理层的考虑范畴，成为阻碍企业创新成功的巨大障碍。特别是对于经营管理创新而言，更是如此。

原因很简单，相对于技术创新而言，经营管理创新更多地表现为利益格局的调整和变化。比如，一种新战略的推行，必然意味着资源分配重点的重新调整。随着企业战略重点的重新界定，企业资源分配重点也将发生转移，资源将从不符合企业战略发展方向的边缘业务中转移出来，投入到符合企业战略发展方向的核心业务中去。显然，那些利益受到冲击的业务单元一定会想方设法地针对新战略的实施设置障碍。再如，企业组织结构的变革意味着某些职能部门或业务单元将得到加强，而另一些职能部门或业务单元的实力将会被削弱，后者将成为组织结构变革的阻挠者，人为抬高组织结构变革的转换成本。

一种有意思的现象是，在这一过程中，利益受损者反对的声音往往总是很大，远远盖过了受益者支持和拥护的声音。让事情更糟糕的是，在很多情形下，创新可能带来的利益往往在短期内还很不明朗，即便那些潜在的受益者，甚至是受益很大者可能暂时也意识不到（因为区域 DCE 还未显现出来）。因此，在转换成本的作用下，成本的迅速上升很快会导致一场本来策划得很好的创新活动就此夭折。

这种主观存在的转化成本也包括各种各样的潜规则。美国宾夕法尼亚大学管理学教授迈克尔·尤西姆（Michael Useem）在《攀越——商界领导人的九条来时路》中所举的例子发人深省。研究者将一群猴子关进放有香蕉的笼子中，只要有猴子去摘香蕉，就用高压水龙头对着所有的猴子喷射，直到没有一只猴子敢碰香蕉为止。接着，研究者逐渐用新猴子替换出原有的猴子，当初来乍到的猴子动手去摘香蕉时，其他猴子由于害怕受到株连，会群起而攻之，这种威胁取代了原来高压水龙头的惩罚，直到这只新猴子不再越雷池一步。令人吃惊的是，当笼子中所有经历过高压水龙头的猴子都被替换出来后，再也没有一只猴子敢去动本是美味佳肴的香蕉。可见，潜规则一旦成为组织发展的束缚，力量有多么强大。

就像万米长跑一样，由于转换成本的存在，创新过程中很容易出现"生理极限"（即区域 ACB）。如果克服不了"生理极限"，创新将很容易中途停止；而如果能够有效地突破"生理极限"，就能够享受到最终结出的丰硕果实。

要想突破转换成本所导致的创新"生理极限"，首先要求企业管理层对创新所带来的经验曲线的变化有一个正确的认识。也就是说，管理层应彻底弄清楚：当前的经验曲线是否还有较大的挖潜空间？创新所带来的收益提高是否远远超出因此而造成的转换成本？

如果当前的经验曲线还有很大的潜力可挖，企业的着眼点就应侧重于挖潜，而不是创新；如果当前的经验曲线已无多大的挖潜空间，则创新就有了很大的动力。这时，管理层需要认真估算：这种创新所造成的转换成本到底有多大？它所带来的收益提高又有多大？如果收益的提高远远大于转换成本，则创新的决策就是明智之举。

如果创新已成定局，则管理层，特别是"一把手"的坚持就极为关键了。如果缺乏这种坚持，就很难突破转换成本所造成的"生理极限"。尤其是转换成本所造成的成本增加幅度越大，转换成本发生作用的时间周期越长，就越容易导致创新的夭折。管理层的坚持是突破创新"生理极限"的驱动器。

所以，实施创新不仅需要管理层，尤其是"一把手"有"大智"，而且需要他们有"大勇"。特别是在创新实施的初期，甚至会出现绝大多数人不理解创新的价值及意义的局面，管理层就需要有"不和于俗"、"不谋于众"的勇气。从这个角度来说，那些锐意进取的创新者可能注定是"孤独的创新者"，他们需要有承受"孤独"的魄力与毅力。

伟大的发明家爱迪生（Thomas Alva Edison）从1877年开始改革弧光灯的试验，他尝试了各种材料，包括炭化物质、金属铂与铱高熔点合金等，做了1 600多次电灯泡灯丝试验，结果都失败了。直到1880年的上半年，试验仍无结果。当别人劝他打"退堂鼓"的时候，他说道："我从未失败过，我只不过是发现了1 000多种电灯泡不亮的方法而已，而每一次尝试都让我离成功更近了一步。"正是这种执着，让世界上第一批炭丝的白炽灯问世，这种炭丝电灯与前人发明的弧光灯相比，真正具有了实用价值，它的出现标志着人类使用电灯历史的正式开始。为此，爱迪生写下了200多本的试验笔记，总计达4万余页。

华为公司也具备这种不懈的坚持精神。2002—2003年是国内外通信市场的低迷时期，也是华为的"冬天"。而正是在这一时期，华为几乎倾囊而出，将以往赚的钱都投到了业务流程再造上，对技术、供应链、人力资源、市场营销等方面进行了全方位的改造，旨在将华为打造成真正意义上的国际化公司。如今华为的脱胎换骨与其当时所提出的"持续的管理变革"口号密不可分。

第 15 章 / Chapter Fifteen

悬权而动：权变管理

可与共学，未可与适道；可与适道，未可与立；可与立，未可与权。

——《论语·子罕》

因利而制权也。

——《孙子兵法·始计篇》

"悬权而动"（《孙子兵法·军争篇》）是孙子军事思想的精髓。所谓"权"，最初是指秤锤，其字面意思是将秤锤悬挂在秤杆上，以称量物品的重量。孙子用以强调，只有权衡好利害关系，才能在战争中占据先机、获得优势。兵家最讲究权变，权变是兵法的题中应有之义，在著名的兵书中，没有一本不充分渗透着权变的思想。《孙子兵法》全书共 13 篇，贯穿始终的思想就是因变制变、因变制胜。面对竞争越来越激烈的市场环境以及越来越复杂的管理情境，管理者也要善于因地制宜、因事制宜、因人制宜地开展管理活动。

权宜应变

事实上，不只是兵家，诸子百家都非常注重权变的价值。孔子说过："可与共学，未可与适道；可与适道，未可与立；可与立，未可与权。"（《论语·子罕》）意思是说，可以在一起学习的人，未必都能够学到道；能够学到道的人，未必都能够坚守住道；能够坚守住道的人，未必都能够随机应变。可见，孔子将权变看成是比学习、得道、守道更重要的修养。

"愚孝被斥"的典故深刻地反映了孔子的权变思维。《说苑·建本》中记载，有一天，孔子的学生曾子在瓜田里锄草，一不小心将瓜的根锄断。他的父亲火了，拿起一根大木棒将曾子打昏在地。曾子苏醒后，不仅仔细地询问父亲是否因此而伤了身体，而且退到屏风后弹琴唱歌，希望父亲知道自己的身体没有被打坏。孔子知道这件事后，批评曾子说："从前舜侍奉父亲，如果父亲用小棍子打他，舜就待着不走；而如果父亲用大棍子打他，舜就赶紧跑开。而今你用自己的身体去迎合大怒中的父亲，站在那里不走，如果你自己被打死了，不是陷父亲于不义之地吗？还有哪一种不孝比这个更大呢？"

孟子也非常讲究权变。"男女授受不亲"是周礼的规定，要求男女之间在递接物品时双方的手是不能接触的。然而，有一次，齐国

第15章　悬权而动：权变管理

著名的辩士淳于髡问孟子，如果你的嫂子掉到水里了，你该怎么办？孟子的回答是："嫂溺，援之以手"（《孟子·离娄上》），主张立即伸手把嫂子从水里拉出来，并说：如果不这么做，人就跟豺狼一样，没什么区别。孟子认为，"男女授受不亲"是"礼"的体现；而"嫂溺，援之以手"则是"权"的体现。

可见，权宜应变是智者的风范。在西方国家，流传着一句圣诞老人的名言："为了让每一个人高兴，我会给不同的人不同的帽子。"确实，不同的人偏好千差万别，圣诞老人的这句话充分说出了权变的必要性。

在现代管理理论中，权变管理理论（contingency management theory）是这种通达权变思想的体系化、理论化的表现形式。作为权变管理理论的集大成者，美国管理学者卢桑斯（Fred Luthans）在1973年发表了《权变管理理论：走出丛林的道路》一文，并于1976年出版了《管理导论：一种权变学说》一书，系统地介绍了这一管理理论。概而言之，权变管理理论可以用"如果—那么"（if-then）来表述，即组织所面临的内外部环境是自变量，而管理的理论、方法和技术则是因变量，如果存在某种环境条件，那么采用某一管理技术和方法就可以比采用其他技术和方法更有效地达成组织目标。自20世纪70年代以来，权变管理理论受到了管理学术界和企业界的高度重视。如果说管理既是一门科学，又是一门艺术，那么这种艺术的成分则更多地体现在权宜应变中。

另一位美国管理学者菲德勒（Fred E. Fiedler）则将权变的思想

运用于领导模式的研究中,提出了权变领导模型(contingency leadership model)。通过大量的研究,菲德勒将领导者所面临的管理情境因素概括为三大类:其一,上下级关系,反映下属对领导者的信任和追随程度;其二,任务结构,即工作的规范化、程序化、具体化程度,当组织目标越清晰、工作方法的可选择性越小、工作内容的创新程度越低、工作成果的可衡量性越高时,就意味着该任务具有高结构的性质,完成起来也就更容易;其三,职位权力,这一权力与组织的支持程度相关。对于上述三大类因素,菲德勒分别简化为两极情况来处理,三大类因素共组合出八种环境情境。根据15年的调查结果,菲德勒归纳出领导有效性与不同情境的匹配关系(见表15—1)。简单来说,就是在最有利和最不利的情况下,适合采用任务型的领导方式,领导者应以完成任务为工作中心;而在中间状态下(只有情境7例外,为不明确),适合采用关系型的领导方式,领导者应以协调人际关系为工作中心。按照菲德勒的模型,没有普遍适用的最优领导方式,关键要看领导方式是否与环境情境相适应。

表15—1　　　　　　　菲德勒的权变领导模型

上下级关系	好				差			
任务结构	明确		不明确		明确		不明确	
职位权力	强	弱	强	弱	强	弱	强	弱
情境类别	1	2	3	4	5	6	7	8
情境特征	有利				中间状态			不利
有效的领导方式	任务型				关系型		不明确	任务型

因利制权

如何才能有效地权变呢？孙子的观点是"因利而制权"（《孙子兵法·始计篇》），亦即在充分权衡利弊的基础上，评估投入产出情况，来确定是否应该实施权变，"君命有所不受"（《孙子兵法·九变篇》）就是这种思想的集中体现。"弦高犒师"和"尾生之约"一正一反两个典故都充分说明了这一点。

《左传·僖公三十三年》中记载，春秋时期，秦穆公任命孟明视为大将，率领 300 辆兵车，偷偷去攻打郑国。秦国的大军刚进入滑国的地界时，就被郑国商人弦高遇见。当时，情况万分紧急，弦高遂冒充郑国派来的使臣，求见秦国主帅孟明视，并以 12 头牛犒劳秦军，以示郑国已预知秦军来袭。同时，他又急忙派人回郑国禀告。孟明视见郑国已有准备，遂领兵灭滑国，随后返回秦国。郑国即将面临的一场大灾难就这样很巧妙地被弦高消于无形。撒谎本不是什么好的道德品质，但当自己的国家处于危难之际，弦高却挺身而出，撒了一个弥天大谎，"因利而制权"的价值取向运用得非常到位。

《左传》

全称为《春秋左氏传》，是中国第一部叙事详细的编年史，系春秋时期鲁国史官左丘明（约公元前 502 年—公元前 422 年）编撰。

该书取材于王室档案、各诸侯国史书等，详细记录了春秋时期的主要历史事件，不仅具有极高的历史价值，还有极高的文学价值。

"尾生之约"则是个反面案例。《庄子·盗跖》中记载，尾生与女友相约会于桥下，女友还没有到来，但洪水忽至，在桥下等候的尾生不愿违约，抱桥柱溺水而亡。守信固然是好的道德品质，但尾生不通权变的做法总让人感觉是无谓的牺牲，因为在当时的情况下，对守信的准则进行权变，并不会造成明显的损害，但却可以避免生命的代价。

《资治通鉴》卷十写道："权不可豫设，变不可先图，与时迁移，应物变化设策之机也。"这种具体情况具体分析的坚定态度是对"因利而制权"思想的坚决贯彻，也是面对不确定性环境时企业管理者的明智选择。美国《商业周刊》曾评选出企业界 25 位最优秀的管理大师，这些管理精英的管理经验五花八门，但有一条成功的经验是一致的：经营管理无定式。而擅长案例教学的哈佛商学院，在 MBA 的案例教学课上，教授们始终会强调一点：管理永远没有唯一正确的标准答案。

在领导艺术方面，存在一个有趣的 4P 组合，很能说明"因利而制权"的价值：其一，公开表扬，私下批评（Praise in public, punish in private）；其二，私下表扬，公开批评（Praise in private, punish in public）；其三，公开表扬，公开批评（Praise in public, punish in public）；其四，私下表扬，私下批评（Praise in private, punish in private）。4P到底如何组合，取决于许多变量，诸如国民性格、企业文化与氛围、领导者的管理风格、被领导者的个性与偏好、领导者与被领导者之间的关系等。比如，在崇尚个人主义的美国企业中，当着一大堆人的面称赞某位员工，当事人会觉得无比的荣耀；而在崇尚集体主义的日本企业中，对当事人而言，这种表扬可能比批评还难受，因为这很可能让当事人失去一系列非正式组织的成员资格，今后很难和其他人融洽地相处。

外圆内方

权变管理是一种很高的管理境界，也是企业实现与环境动态适应性的基本要求。但是，如果滥用权变管理，则可能动摇企业的管理根基，破坏企业的制度底线，造成不必要的混乱。那么，如何实施权变管理才是适度的？或者说，到底应该如何构筑权变的合理边界呢？这就要求管理者把握"外圆内方"的权变法则。

"外圆内方"是著名爱国人士、教育家黄炎培十分赞赏的处世方式，他为儿子撰写了这样的座右铭："取象于钱，外圆内方"。黄老先生以古代的铜钱做形象的比喻，启发人们将"外圆"与"内方"有机地结合起来，可谓言简意赅，发人深省。

战国时期，铜钱曾经有布币、刀币、蚁鼻钱、圆钱等不同的形状，而最终圆形方孔的圆钱脱颖而出，演变为铜钱的主流制式。布币形状如农铲,因此又称铲币,主要流通于周王朝都城及晋、郑、宋、赵等国;刀币主要流通于齐、燕等国;蚁鼻钱是由贝币演化而来的铜钱,由于看起来鬼头鬼脸,因此又称鬼头钱,主要流通于楚国;圆钱最初为圆形圆孔的铜钱,主要流通于魏、秦等国,到了战国后期,演变为圆形方孔的圆钱,主要流通于秦、齐、燕等国。在秦灭六国、统一海内后,被称为"秦半两"的圆形方孔钱成为铜钱的基本式样。时至今日,"孔方兄"依旧是金钱的代名词。

存在即合理,据专家分析,圆形方孔钱之所以能成为古代铜钱的主流,原因在于这种特殊的形状具有易于流通和加工的特点。圆形方便携带和使用,不容易划伤人的身体及各种容器;方孔便于钱币上文字的定位,在铸成后的加工过程中,可以用方形细木棍固定,便于操作。"方"棱角分明,是塑形的基础,代表着根本与原则;"圆"曲线优美,可以减少阻力,代表着变通与顺畅。

作为科学性与艺术性的统一体,管理与中国古代铜钱中所蕴涵的"外圆内方"思想有许多契合点。正如曾国藩所言:"立者,发奋自强,站得住也;达者,办事圆润,行得通也。"(《曾国藩家书·修身篇》)如果管理者能够真正参透"外圆内方"之道,并不断去实践,就能够少走弯路,取得突出的管理绩效。

在管理中,如果说"方"代表着规章制度,那么"圆"就代表着领导艺术;如果说"方"代表着底线,那么"圆"就代表着变通;如果说"方"代表着原则性,那么"圆"就代表着灵活性;如果说"方"代表着理,那么"圆"就代表着情(见图15—1)。因此,"外圆内方"也可以称为"情圆理方"。

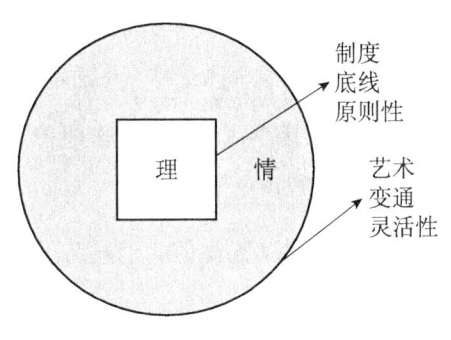

图 15—1　情圆理方的权变之道

以协调人际关系为例，要注重灵活性，讲究方式、方法，富有人情味，否则，很难赢得员工、股东、供应商、经销商、顾客等利益相关者的支持，但在讲究情感的同时，要把握住原则，守得住底线，不能一味地妥协、让步，否则，很难建立必要的秩序，无法实现既定的目标。也就是说，执行制度，谨守原则，坚持底线，是必须做到的，但在具体的实施过程中，却需要有和颜悦色的态度，需要因人而异，采取对方容易接受的方式与方法。

尽管权变非常重要，但它并不是无条件、无休止地变，有效的权变必须置于"经主权从"的大框架之下。所谓"经"，是与"权"相对应的概念，《说文解字》的解释是："经，织也。"即"经"是织造物的纵线，后又指南北方向的道路，引申为规矩、原则。也就是说，"权"指的是权变，注重的是灵活性；而"经"指的是规矩，注重的是原则性。

首先，权不逾经。其实，孔子将"权"放在"立"之后，就已经说明了这一点。孔子认为，只有能够守道的人，才有权变的资格；讲究灵活性，不能以时时处处破坏原则性为前提。否则，权变就会成为随心所欲、胡作非为的代名词，秩序也就不复存在。尤其是对于企业管理层来说，切不可因为自己特殊的地位，以权变为幌子，让自己成为亲自颁布的规章制度的破坏者。

在企业中，有些东西是可以变化的，有些东西则是不能变化的。能够变化的东西，就是我们所说的"权"，而不能变化的东西，就是我们所说的"经"，这些东西包括：企业的宗旨、愿景、文化及基本战略方向等。在长寿企业的背后，总有一些持久不变的东西。惠普所倡导的"相信任何人都愿努力地工作，并能创造性地工作，只要赋予他们适宜的环境"的信念，波音所追求的旨在领导航空工业的"永为先驱"理念，通用电气所拥有的"以科技及创新改善生活品质"的追求等，无不体现出对企业宗旨之"经"的坚持。因此，在必要的时候、必要的地方，管理层需要执着，需要坚持，守住底线。

其次，权变有度。呆板木讷，缺乏变通，固然可怕。但事实上，对于许多中国人和中国企业而言，却走向了另一个极端，过于圆滑、世故、变通，于是就有了越来越多的"例外原则"，有了越来越多的"擦边球"。而如果制度常常"例外"，便意味着制度不再生效；当"擦边球"总是堂而皇之地出现时，就已经缺失了支撑企业稳步发展的底线。

"权限"一词充分体现出权变有度的思想，相机制宜地行事必须要有限度，这种限度就是每个人的职责范围和企业的基本规章制度。

在企业中，每个人在处理每件具体事情时，要仔细想一想：在我的权限范围之内，是否可以改变？如果可以，才斟酌着去变通；否则，必须向上级请示，或者要求上级给自己授权。"上有政策，下有对策"的局面之所以出现，原因就在于权变无度，超出了职责范围和规章制度的边界。当然，已有的规章制度未必都科学、合理，对不合理的规章制度进行修订是权变的需要，但即便如此，这种修订的权限也并非每个人的职责范围，否则，只会引起不必要的混乱。

最后，权不多用。权变总是针对例外事件而言，适用于应对紧急、突发事件，对于例行活动，最重要的是按照规则办事。即便一个人获得了相应的授权，拥有很大的权力，也需要认真对待所拥有的相机抉择权。特别是对于企业高层管理者而言，权变过度往往让人难以捉摸，使企业里弥漫着不确定性因素，到处充斥着猜疑之心，不利于团队协作精神的培养和发挥。

第 16 章 / Chapter Sixteen

安不忘危：危机管理

投之亡地然后存，陷之死地而后生。夫众陷于害，然后能为胜败。

————《孙子兵法·九地篇》

不备不虞，不可以师。

————《左传·隐公五年》

  老子用辩证的眼光，看到了祸与福之间的对立统一关系，提出："祸兮，福之所倚；福兮，祸之所伏。"（《老子》第五十八章）这就是说，祸是福赖以存在的前提，而福又是祸潜伏的基础。祸与福并非是永恒不变的，在一定的条件下，它们会相互转化。经营管理企业需要认真汲取老子"祸福相倚"的智慧，将危机管理提到重要的位置上，强化危机意识，重视危机预防，提高危机处理能力，并能适时地变"危"为"机"。

第16章 安不忘危：危机管理

安危相易

《淮南子·人间训》中记载，在靠近边塞居住的人之中，有一位擅长方术的人。他的马无缘无故地跑到了胡人的居住区，人们为此来宽慰他。那位老人却说："这怎么就不是一种福气呢？"过了几个月，那匹丢失的马带着胡人的一群良马回来了，人们都来向他表示祝贺。那位老人却说："这怎么就不是一种灾祸呢？"老人的家中来了这么多好马，他的儿子喜欢骑马，结果从马上摔下来，摔断了大腿。人们都前来慰问他，那位老人又说："这怎么就不能变为一件幸事呢？"一年之后，胡人大举入侵边塞，健壮的男子都拿起武器去参战，边塞附近的健壮男子十分之九都战死了。而唯独老人的儿子因为瘸腿而免于参战，父子俩均保全了性命。这就是"塞翁失马，安知非福"成语的由来。

《淮南子·人间训》中总结道："祸与福同门，利与害为邻，非神圣人，莫之能分。"《庄子·则阳》中说："安危相易，祸福相生。"《晋书·诸葛长民传》中说："富贵必履危机。"西方也有一条类似的谚语："当你把宝藏挖出洞时，却把陷阱越挖越深。"对于现代企业来说，需要密切关注危机，高度重视危机管理。

关于什么是危机，《辞海》中有两条解释：一是指潜伏的祸机；二是指生死成败的紧要关头。对于企业来说，危机是对其基本目标的实现构成威胁、要求它必须在极短的时间内做出关键性决策和进行紧急回应的突发性事件。

危机具有突发性。俗话说："冰冻三尺，非一日之寒"，危机是由一系列细小的事件逐渐发展起来的。然而，由于人们平时的疏忽，可能对这些细小的事件一无所知，也可能对这些细小的事件习以为常、视而不见，所以，危机的爆发经常出乎企业的意料，其爆发的时间、地点以及影响的程度常常是人们始料未及的。由于企业外部因素所造成的各种危机，如地震、洪水等自然灾害，国家政策的突然变化可能带来的损失等，是由企业难以控制的客观因素引发的，具有更大的偶然性和随机性。

危机具有危害性。危机爆发后，不仅会破坏企业当前正常的生产、经营秩序，而且会破坏企业可持续发展的基础，对企业未来的发展造成非常不利的影响，甚至还可能威胁到企业的生存。

危机具有公众性。随着大众传媒的发展，信息传播渠道越来越多样化、高速化、全球化，使企业危机情境迅速公开，成为公众关注的焦点及媒体最佳的"新闻素材"。在很多情况下，有关危机信息的传播速度比危机事件本身发展还要快。尤其是随着互联网的发展，危机信息的传播打破了时空界限。一些企业在危机爆发后，由于不善于与媒体沟通，导致危机不断升级。对于危机的利益相关者而言，由于危机涉及他们的切身利益，因此对危机事态的发展以及企业对危机所采取的措施更是十分关注。由于那些"明星企业"向来是公众关注的焦点、媒体炒作的对象，它们所犯下的哪怕一个很小的错误，由于处理不善，在媒体的推波助澜下也很可能演变为一场非常大的危机，这是近年来许多知名企业之所以频频卷入危机的原因。更何况，企业的竞争对手还可能介入其中，向媒体提供各种素材，陷企业于危机之中，或者使企业的危机程度不断加深。

危机具有紧迫性。 危机一旦爆发，在潜伏阶段所积蓄的危害性能量在很短的时间内被迅速释放出来，并呈快速蔓延之势，要求企业必须立即采取有力的措施予以处理，任何延迟都会带来更大的损失。而业已发生的危机，会像石子投入水中一样引起阵阵涟漪，如果不对危机的发展势头进行遏制，可能引发一系列的不利影响，导致更大的危机。如果企业反应迟缓，必然使自己在利益相关者心目中的形象一落千丈。

在不同的发展阶段，企业都可能遭遇危机，但所面临的危机种类却各不相同。尤其是在企业生命周期各阶段的临界状态，将经历重要的战略转折，战略转折点常常就是企业的危机点，危险和机会并存。如果企业能顺利逾越战略转折点，则能化蛹为蝶，取得长足发展；否则，就很容易停滞不前，甚至从此一蹶不振。

为了减少危机对企业可持续发展的冲击，企业必须建立相应的危机管理机制。在现代不确定性环境下，危机管理的价值日益凸显。曾经担任美国国防部部长、后来步入商界的麦克纳马拉这样说过："今后的战略可能不复存在，取而代之的将是危机管理。" 2003 年"非典"及 2008 年雪灾、汶川大地震等灾害的出现以及越来越多的"明星企业"卷入这样那样危机的现实，使得中国企业越来越重视危机管理的问题。

　　危机管理是一个典型的非程序化决策过程。这种非程序化决策过程与危机管理所面临的特殊处境结构密切相关：其一，决策时间有限。危机的紧迫性特征要求企业领导者迅速做出决策，否则，危机的影响范围必将扩大，影响程度必然加深。其二，决策信息不完备。企业领导者难以在非常有限的时间内掌握所有的事态发展信息，在极其紧迫的环境中，通常需要企业领导者在信息不完备的情况下做出决策。其三，资源紧缺。由于事态紧急，应对危机所需的人力、资金、设备等往往显得不足，在资源极度紧缺的状况下，要求决策者必须打破常规的思维方式，迅速从正常情况转换到紧急状况的能力是有效的危机管理的基础。

安不忘危

　　《易经·系辞下》指出，"安而不忘危，存而不忘亡，治而不忘乱"，告诫当政者在安定的时候一定不要忘记危险，在生存的时候一定不要忘记灭亡，在国家大治的时候一定不要忘记发生动乱的可能性。危机管理分为危机预防与危机处理两个阶段，防火胜于救火，当火灾发生后，再去补救，造成的损失已经既成事实。对于企业来说，明智之举是根本不让这种"火灾"发生。在高度竞争的市场上，企业领导者有必要树立强烈的危机意识，通过建立有效的员工考核、激励体系,将这种危机意识转化为企业发展的动力,建立灵敏的危机预警与预控机制,将危机消灭在萌芽状态,并提前制定出危机管理计划,以备不时之需。

《易经》

中国最古老的文献之一,历经《连山易》、《归藏易》、《周易》的发展演变,但神农氏的《连山易》、轩辕氏(黄帝)的《归藏易》已失传,现在我们看到的是周文王姬昌所著的《周易》。《易经》是一本揭示变化的书,最初用于占卜,以阴、阳为两个基本元素,"无极生有极,有极生太极,太极生两仪(亦即阴阳),两仪生四象(亦即少阳、太阳、少阴、太阴),四象演八卦,八八六十四卦"。其基本内容以卦组成,分为上经30卦、下经34卦,每卦又由六爻组成。孔子曾为《易经》做《易传》,因此,广义的《易经》包括《易经》与《易传》。《易经》的内容涉及哲学、宗教、天文、军事等众多领域,思想极其深邃,被誉为"群经之首"、"大道之源"。

1. 居安思危

据《左传·襄公十一年》记载,春秋时期,晋国联合宋、卫、曹等小诸侯国,共同讨伐郑国。郑国国君非常恐慌,决定向晋国求和,为了表示谢罪,给晋国国君晋悼公送去了许多礼物,其中包括乐师、歌伎及一批珍贵的乐器。晋悼公十分高兴，他决定将郑国送来的礼物分出一半，赏赐给曾经有很大功绩的魏绛。魏绛婉言谢绝，劝诫晋悼公说："书曰：'居安思危。'思则有备，有备无患。"他还说，国君如果能够牢牢记住这些道理，就可以永享欢乐和太平。晋悼公听从了魏绛的话，从此以后对他更加敬重。

　　福的背后之所以隐藏着祸，是因为许多人缺乏居安思危的意识。这样，所谓最安全的状态也就可能演变为最危险的状态。对于任何人和任何组织而言，缺乏危机意识就是最大的危机。这也就是孟子所讲的"生于忧患"、"死于安乐"（《孟子·告子下》）。

　　在《第五项修炼——学习型组织的艺术与实务》一书中，彼得·圣吉（Peter M. Senge）用"温水煮青蛙"的寓言来说明：导致许多企业失败的原因，不是已经发生的突发性事件带来的威胁，而是常常对于缓缓而来的致命威胁习以为常。如果你将一只青蛙放进沸水中，它会立刻试着跳出来。但是如果你将青蛙放进温水中，而不去惊吓它，它将待着不动。现在，如果你慢慢加温，当温度从华氏70度升到80度，青蛙仍显得若无其事，甚至自得其乐。可悲的是，当温度慢慢上升时，青蛙将变得愈来愈虚弱，最后无法动弹。虽然没有什么东西限制它脱离困境，青蛙仍留在那里，直到被煮熟。为什么会这样呢？因为青蛙内部感应生存威胁的器官只能感应到环境中剧烈的变化，而感应不到缓慢、渐进的变化。

　　对第二次世界大战期间英国皇家空军的飞机及飞行员的损失情况所做的统计研究也说明了同样的问题。这一统计结果令人震惊，造成损失的原因既不是敌军的炮火，也不是恶劣的气候条件，而是飞行员的操作失误；而操作失误密集发生的时段既不是在激烈的交火过程中，也不是在紧急的撤退状态时，而是在完成任务、胜利归航的途中。据心理学家分析，在战斗中，飞行员的大脑处于极度兴奋的状态，思想高度集中，即便环境非常恶劣，也不容易出错，而在着陆前的几分钟内，由于安全感剧增，思想极度松懈，反而容易出错，最终酿成大祸。

类似这样的现象就是北宋文学家欧阳修所说的"祸患常积于忽微，而智勇多困于所溺"（《伶官传序》），值得企业领导者深思。其实，造成危机的许多因素早已潜伏在企业日常的经营管理活动中，只是由于企业领导者麻痹大意，缺乏危机意识，对此没有足够的重视，放松了警惕，而没有对危机进行有效的防范。有时，看起来很不起眼的小事，经过连锁反应、滚雪球效应，有可能演变成摧毁企业的大危机。尤其是在企业取得了很大的成绩或达到了一定的发展阶段后，往往沾沾自喜，对危机丧失警惕。随着消费者维权意识的日益增强，媒体对焦点事件的关注程度不断上升，企业稍有不慎，就有可能遭遇危机。

一个典型的案例是在美国曾轰动一时的 1977 年纽约大停电事件。当年 7 月，给纽约供电的联合爱迪生公司董事会主席查尔斯·卢斯（Charles Luce）在一次电视采访中曾信誓旦旦地对外界宣称："联合爱迪生公司的系统处于 15 年以来的最佳运作状态，这个夏天完全没有问题。"然而就在三天后，由于公司的系统发生故障，整个纽约城区出现了 24 小时的大停电。

因此，企业应树立危机意识，在经营形势不佳的时候，能够看到企业危机的存在；在企业发展如日中天的时候，也要居安思危，未雨绸缪，因为危机往往在不经意的时候到来。树立危机意识具有以下好处：其一，使企业员工时刻提防危机的危害性，在工作中尽量避免不当的行为，以消除引发企业危机的各种诱因；其二，使企业员工善于发现危机发生的征兆，将危机消灭于无形；其三，即便危机发生，也可以使企业避免不必要的慌乱，及时采取各项处理措施，防止危机进一步恶化和扩散。

企业要避免"温水煮青蛙"现象的发生，首先要求管理层具有危机意识，这样，才能使企业在战略上不致迷失方向，在不经意之间滑入危机的泥潭中。松下公司曾将企业比作冰海里的一条船，在公司的办公室、会议室或通道的墙壁上，贴有一张张画着一条即将撞上冰山的巨轮的宣传画，上面写道："能挽救这条船的，唯有你。"微软的比尔·盖茨有一句名言："微软离破产永远只有 18 个月。"华为的任正非以《华为的冬天》一文警醒所有的员工："华为的危机以及萎缩、破产是一定会来到的……谁有棉衣，谁就活了下来！"海尔的张瑞敏将海尔的生存理念确定为："永远战战兢兢，永远如履薄冰。"

值得重视的是，危机管理并非只是企业管理层或某些职能部门，如安全保卫部门、公关部门等的事情，而应成为企业每个职能部门以及每位员工共同面临的课题。全体员工树立起强烈的危机意识，就会大大减少危机发生的可能性。管理层要善于向所有的员工灌输危机意识，使每位员工都具备"居安思危"的思想，提高员工对危机发生的警惕性，使危机管理能够落实到每位员工的实际行动中，做到防微杜渐、临危不乱。

2. 众陷于害

孙子认为："投之亡地然后存，陷之死地然后生。夫众陷于害，然后能为胜败。"（《孙子兵法·九地篇》）意思是说，将士卒投入亡地，他们就会拼命以求活；让士卒陷入死地，他们就会死里求生；让军队陷于危亡的境地，然后才能赢得战争的胜利。孙子还说，"登高而去其梯"（《孙子兵法·九地篇》），讲的是同样的道理。

《史记·项羽本纪》所记载的"破釜沉舟"的典故就是"众陷于害"的杰出战例。公元前207年，项羽率军与章邯率领的秦军主力在巨鹿展开大战。项羽不畏强敌，在率部渡过漳水后，命令全体将士："皆沉船，破釜甑，烧庐舍，持三日粮，以示士卒必死，无一还心。"将士们见主帅断掉了退路，又冲锋在前，因此拼死一战，大破秦军主力。

在战争中，"众陷于害"有助于激发将士团结互助、同仇敌忾的勇气。当然，孙子所提出的"众陷于害"的用兵法则，并非是指对将士的生命不负责任，硬将他们驱赶到"亡地"或"死地"中。这里所谓的"害"，更多的是一种心理体验，以将士体验到危险为尺度，而不是拿将士的生命开玩笑。孙子"众陷于害"的用兵原则对企业领导者的启示就在于：不仅要善于向员工灌输危机意识，在必要的时候，还应该主动制造危机意识。

有一则寓言讲了这样一个故事：在北方，有位牧羊人养了一群羊。夏天温度适宜，水草茂盛，羊群过得很舒适，便养成了不爱动的习惯。随着冬天的到来，气温大幅下降，寒冷的气候使羊群无法适应，很多羊被冻死了。为了使羊群能更好地生存下去，牧羊人决定采用一个看似残酷的办法，在羊群生活的区域放了几只狼。面对生存危机，羊群只能不断地奔跑来防止狼的攻击。虽然有些羊不免落入狼口，却有效地阻止了寒冷的侵袭，羊反而比以前死得少了。

这是主动制造危机的功效。为了激发员工潜在的积极性、主动性和创造力，一些企业的管理层也会有意识地制造危机，用危机意识来激发员工的奋斗精神。

3. 防患未然

《鹖冠子·世贤》中记载，有一天，魏文王问名医扁鹊："在你们家兄弟三人中，谁的医术最高明呢？"扁鹊回答道："我大哥医术最高明，二哥次之，我最差。"魏文王接着又问："那么，为什么在兄弟三人中你最出名呢？"扁鹊回答道："我大哥治病，治于病情发作之前，由于一般人不知道他事先铲除了病因，所以，他的名气无法传出去，只有我们家里的人才知道。我二哥治病，治于病情初起之时，一般人看上去以为他只能治轻微的小病，所以他的名气只能在我们乡里流传。而我治病，治于病情已经非常严重之时，一般人看见我在经脉上穿针放血，用麻药让人昏迷，在皮肤上敷药，做的都是大手术，自然以为我的医术高明，因此名气闻于诸侯。"魏文王大加赞赏道："你说得太好了。如果让管仲用你的治病之道治理国家，齐桓公要成就霸业也就难了！"

危机管理并不是像某些人想象的那样，仅仅是将业已发生的危机加以处理和解决，而应该从事前做起，在机制上避免危机的发生，在危机的诱因还没有演变成危机前就将其平息掉。危机管理必须如学者奥斯本（Osborne）和盖布勒（Gabler）所说的那样："使用少量钱预防，而不是花大量钱治疗。"可惜的是，长期以来，在企业界，普遍受称颂的是英雄式领导，在大部分人的心目中，所谓成功的领导者在做任何事情的时候，都应该是轰轰烈烈的，让下属佩服不已。但事实上，那些风风光光的"救火英雄"不畏艰险的精神固然值得赞扬，但可能恰恰是他们平常的疏忽大意，才导致"火灾"的发生。所以，真正伟大的领导者不是当问题发生后雷厉风行地去解决问题，而是从关注解决问题的阶段提前到关注避免问题发生的阶段，这就是管理学者巴达拉克（Joseph L. Badaracco）在《沉静领导》一书中所重点讨论的沉静型领导，这才是企业领导者所应保持的最佳状态。

为此，企业应建立危机预控机制，提前对可能引发危机的各种诱因采取措施。对于不同种类的潜在危机，危机预控可以选择不同的策略。

有些危机爆发的诱因属于企业可控制的因素，适合采取排除策略，只要企业管理得当，完全可能在危机爆发前事先消除这些导致危机爆发的诱因，将危机彻底排除。排除策略是最理想的危机预控策略，可以完全消除潜在危机的危害。其具体的措施包括：远离危害程度大的风险，比如，对于航空公司而言，明确规定在什么样的气候条件下飞机不能起飞，就能有效地排除飞机失事的危机；努力提高工作标准，致力于消除企业内部管理的各种弊端，要求管理者和员工都以将自己的事情做好为目标，以达到零缺陷为境界，有助于避免众多的因内部管理不善而引发的危机；设计良好的防范机制，将可能引发某种危机的诱因逐一列出，并针对不同的诱因有针对性地设计相应的防范措施，将危机诱因分别予以清除；在主要公众中建立强有力的信誉基础，以消除各种潜在矛盾；迅速解决小问题或小错误，切断可能诱发危机的各种导火索。

在危机诱因不能完全消除的情况下，可以采用缓解策略，通过各种措施，将危机诱因控制在一定的限度和范围内，尽可能减轻危机爆发后的直接危害程度，使危机的长期影响程度降到最低。比如，在建筑物内设置防火墙，将整幢建筑物分隔为若干个独立的空间，一旦发生火灾，可以将火灾控制在较小的空间范围内，而不会向其他空间蔓延。再如，如果企业生产多个产品系列，而不同产品系列之间的品质又存在较大的差距，就有必要实施多品牌战略，以避免一损俱损的现象发生。

如果危机诱因无法消除或缓解，或者危机诱因的消除或缓解存在不经济性，企业可以采取转移策略，将自身面临的相应风险转移给其他企业、机构或个人承担。转移策略的常见实施途径包括：将一些对于企业而言风险较高的价值链环节外包给外部其他机构完成；对于一些高风险的业务，通过保险来转移引发危机的风险；在期货市场上开展套期保值业务，以避免现货市场上价格波动过大带来的风险；签订责任免除协议，比如，供货企业在合同中明确规定对人体有害的原材料的运输、储存、加工条件，如果生产企业违反上述条件而发生安全事故，供货企业将不承担安全责任，以避免卷入不必要的索赔纠纷或官司之中。

对于那些无法消除、缓解或转移的危机诱因，为了降低危机一旦爆发的危害程度，可以采取防备策略。比如，建立备用的计算机系统，以防止自然灾害或其他灾害对系统的破坏，确保在日常运作的计算机系统出现故障后业务不会中断。

4. 有备无患

正所谓"不备不虞，不可以师"（《左传·隐公五年》），如果事先不对意外情况有所预料和准备，是不能出兵作战的。在危机管理中，"有备无患"关注的是危机管理计划的制定。根据对全球工业500强企业的有关调查，发生危机以后，企业被危机困扰的时间平均为8周半，未制定危机管理计划的公司要比制定危机管理计划的公司长2.5倍；危机后遗症的波及时间平均为8周，未制定危机管理计划的公司同样要比制定危机管理计划的公司长 2.5 倍。2003 年"非典"爆发期间，跨国公司在华子公司之所以受到的影响远远小于中国本土企业，原因就在于：许多跨国公司早就根据自己多年的实践建立起一整套危机管理计划。尽管与其他类型的危机相比，"非典"有许多特殊之处，但跨国公司在华子公司只需要对原有应对自然灾害或突发事故的危机管理计划进行一定程度的修改，就可以很快将已有的危机管理计划移植到"非典"的预防与处理上，迅速建立相应的危机应对机制。

企业应根据自己所处行业的特点以及可能发生的危机类型，制定一整套危机管理计划，明确怎样防止危机爆发，一旦危机爆发应如何做出针对性的反应。有人将危机管理计划形象地比喻为"手电筒"，人们在遭遇突然停电的情况下，首先想到的是手电筒，然后在它的指引下，去查看保险丝是否烧断，确定停电的原因，修复通电。危机管理计划的制定可以帮助企业在危机发生时有条不紊地处理危机。通常而言，危机管理计划包括以下内容。

第一，危机事件的界定。企业需要确定可能对自身造成巨大的潜在威胁的事件的范围，即对潜在危机进行详细的列表。有些危机是企业管理层决策的衍生物，在企业实施决策时就可能引发相关危机，如裁员、并购、价格战等就属于此类；有些危机则超出企业的控制范围，如不良舆论、大宗订单的取消、人为的破坏、自然灾害等。在对潜在危机进行列表时，应做到尽可能全面，不要遗漏重大的潜在危机。对于所有可能发生的危机，企业应按照轻重缓急的情况加以排序，并预测危机发生的概率以及对企业的危害程度及后果，从而为制定反危机措施做好各种准备。

第二，危机管理的目标。正如企业经营管理的目标具有多元性的特点一样，企业危机管理的目标同样具有多元性，尤其是当危机涉及不同的利益主体时更是如此。企业需要综合考虑股东、员工、顾客、经销商、供应商等多方面的利益，统筹平衡。上述众多的利益相关者很难做到完全一视同仁，这就涉及危机管理目标主从性的确定问题。即使对于同一利益主体而言，到底是着眼于企业的短期利益还是着眼于企业的长期利益，危机管理的目标选择也大相径庭。

第三，危机管理小组的建立。危机管理小组是一个跨部门的管理机构，通常由最高管理层成员、公关部经理、安全保卫部经理、法律顾问等组成危机管理小组的核心层。再根据危机的不同类型，增加危机管理小组的成员，如财务方面的危机增加财务总监或财务部经理，产品质量方面的危机增加总工程师或技术部经理等。危机管理小组的成员必须提供全天24小时的联络方式，以确保在危机爆发后成员之间能形成顺畅的联络网。

第四，危机调查的内容与方法。危机调查的内容包括：确定危机主要的利益相关者，这些利益相关者的范围包括顾客及潜在顾客、员工、股东、供应商、经销商、政府机构、社会中介组织、大众媒体、社区内的其他组织或居民等；确定危机对不同利益相关者的影响后果及影响程度；确定导致危机爆发的原因。要根据危机的不同类型，确定不同的调查方法。

第五，危机发展过程的记录。为给日后的法律诉讼及责任追究提供依据，在危机爆发后，应确定专人负责记录危机的发展过程，包括时间、地点、涉及人员、进展等。记录危机的发展过程，不限于纸和笔，应积极使用照相、摄像器材，甚至请相关机构进行现场勘察。

第六，危机处理对策的提出。根据每一种类型危机各种可能的状况，有针对性地提出相应的处理对策。一旦预料的危机爆发，即可按事先确定的处理对策行动，以节省时间对事先未能预见的事态进行决策。确定危机处理对策时，要特别注意行动的第一步，即首要事项的处理。

第七，危机沟通策略的制定。在危机管理小组中，应明确发言人。发言人必须具备良好的语言沟通能力和机敏的反应能力，熟悉企业及危机各方面的情况。在此基础上，确定企业应如何与员工及主要股东等内部公众进行沟通，如何与包括政府有关部门、大众媒体、顾客、经销商、供应商、社会中介组织、社区居民、保险公司等在内的外部公众进行沟通。

临事而静

再周密的危机预防也未必能消除所有的危机，一旦危机爆发，企业就需要立即投入到危机处理工作中。"唐宋八大家"之一的苏洵提出为将之人必须具备"泰山崩于前而色不变，麋鹿兴于左而目不瞬"（《心术》）的素质，意思是说，即便泰山在眼前崩塌，也必须面不改色；即便麋鹿在身边起舞，也不去看它一眼。在这里，"泰山崩"泛指意外发生的各种危难，而"麋鹿兴"泛指一切美好事物的诱惑。临危不惧、抵住诱惑是为将之人的必备素质。清代同治及光绪两位皇帝的师傅、曾担任总理衙门大臣的翁同龢曾写有一副对联："每临大事有静气，不信今时无古贤。"面对突如其来的危机，企业领导者需要以"泰山崩于前而色不变"的勇气，做到"每临大事有静气"，迅速组织人员查清危机的真正缘由，准确地弄清楚危机的性质、趋势及发展后果，妥善地控制并解决危机，处理好各种善后事宜，减少危机所造成的损失，并努力将危机化为转机。

1. 疾雷不及掩耳

《六韬·军势》中指出，军事行动应做到"疾雷不及掩耳，迅电不及瞑目"。意思是说，雷声来得太快，连耳朵都来不及捂住；闪电非常迅速，连眼睛都来不及闭上。用它来指导企业危机处理的过程，就要求管理层在危机爆发后反应迅速。

首先，反应速度体现在组织机构的落实上。危机发生后，应立即根据危机的类型，按照预先制定的危机管理计划，迅速组成由企业高层管理者、相关的职能部门乃至企业外部专家组成的危机管理小组，并明确规定危机管理小组成员之间的职责分工、相应权限和沟通渠道。对于尚未制定危机管理计划的企业或危机管理计划中未曾提及的危机类型来说，企业应根据同一产业中其他企业的经验或比照类似危机的情形，组建危机管理小组，配备素质较高的人员，并注重人员的知识结构和素质技能的合理搭配。

其次，反应迅速体现在危机沟通上。一旦危机管理小组组建，应迅速对相关公众表明企业危机处理的积极态度。尽管此时导致危机发生的诱因可能尚不明了，危机的影响程度、影响范围尚未确定，但只要企业本着诚恳、负责的精神，表现出对危机受害者的同情、关注，表明企业会立即着手调查，并在调查结果出来后给予公众满意的答复，就能够减少公众的反感和不满。为了避免使企业今后的危机处理工作陷入被动的局面，在事态的发展尚不明朗的情况下，企业对外的表态应尽可能原则化、大框架化，避免拘泥于细节；在可能的情况下，表态应附加一定的前提条件。

在整个危机处理的过程中，与各界公众沟通是十分关键的一环。对于员工、股东等内部公众而言，企业应学会如何通过有效的沟通安抚他们的情绪，以避免"后院起火"，使企业遭遇雪上加霜之灾；对于媒体、顾客、政府部门或社会中介组织、供应商、经销商、社区居民等外部公众而言，危机沟通的重点在于扭转企业在他们心目中的不良形象。

在危机发生后，要确保沟通渠道的畅通。常见的危机沟通渠道包括：召开新闻发布会；主动向媒体提供新闻稿；安排专门的接待人员，接待各方面来访的公众；开通并对外公布专门的热线电话，以便公众投诉和咨询；在各种网络媒体上对有关危机的信息进行及时、动态的更新。企业必须清楚,在危机爆发后,企业如果不能成为信息沟通的主渠道,就会谣言四起,有关危机各种版本的说法会层出不穷,使企业丧失危机沟通的主动权,为以后的工作埋下隐患。一些企业在危机发生后采取"鸵鸟"政策,对于前来采访的媒体记者,企业领导者避而不见,各个部门相互推诿,这是不利于解决问题的。有些企业则在危机发生后多个声音对外,没有统一的发言人,使公众无所适从,或者对外遮遮掩掩,欲盖弥彰,造成恶劣的影响。

在危机发生后,公众除了利益抗争,还存在强烈的情感对抗。如果企业不注意危机对公众的情感所造成的影响,则很容易使公众的情绪进一步激化。企业应根据所面对的公众的心理特点,采取恰当的情感联谊手段,解决公众深层次的心理问题,平息公众的怨恨心理,强化企业与公众的情感关系。在对外部公众开展危机沟通时,一味从技术上对危机进行解释,使用大量生僻的技术术语,往往会招致公众的反感和厌恶。

危机沟通应该是双向的。企业及时向各界公众沟通信息,可以帮助公众了解危机的实情,避免谣言的产生,使公众认识到企业为解决危机所付出的巨大努力;而企业建立各界公众发表自己意见和建议的渠道,则有助于企业了解公众的真实想法,使企业明确危机症结之所在,找到合适的危机解决途径,同时,可以为公众提供情感宣泄的机会及平台。在危机处理过程中,一些企业十分注意将危机发生的经过、处理过程、处理结果及时告知各界公众,但却过分依赖这种单向的沟通方式,没有建立有效的信息反馈渠道,结果事倍功半，效果并不理想。

　　再次，反应迅速体现在危机调查的过程中。深入的危机调查与正确的危机评估是制定有效的危机处理方案的前提。在对外表明企业危机处理态度的同时，危机管理小组应立即组织危机调查，以形成对危机的正确认识。调查的重点包括：了解危机发生的详细经过；了解危机的受害者及受害情况；查明导致危机爆发的原因等。在危机调查的基础上，对危机所造成的实际损失程度、危机蔓延的可能性、危机对企业的长远影响、相关公众对危机可能做出的反应等进行评估。

　　最后，反应迅速体现在危机处理意见的提出上。企业需要确定对受害者的赔偿措施，明确危机的恢复策略，确保危机处理所必需的人、财、物支持。

　　企业在发生危机，特别是出现重大责任事故、导致公众利益受损时，应尽快纠正错误，赔偿受害者的物质损失和精神损失。具体的做法包括：不惜代价迅速收回存在问题的产品，关闭造成污染或引发安全问题的生产场所，以表明企业解决危机的决心；第一时间在媒体上刊登公开致歉信，或直接登门拜访受害者及其家属，争取社会公众的谅解，安抚受害者及其家属；对受害者及其家属给予相应的物质补偿。

　　由于危机发生后反应的时间和资源有限，企业如果采取"撒胡椒面"的策略，平均地使用各种资源，将不利于抓住危机中的主要矛盾，必然导致重大的损失。因此，在危机反应行动中应有主次之分，首先解决危害性较大、时间要求紧迫的问题，再着手解决其他问题。一般而言，及时对危机的受害者进行救治、切断危机蔓延的途径、尽快澄清事实等是最紧迫的事情，要求企业立即采取行动。

在危机处理过程中，企业应积极发挥外部专家以及外部机构的作用。外部专家的介入，既可以弥补企业某些方面知识、能力和经验的不足，又有助于在与公众进行沟通的过程中，保持权威性和公正性，容易取得公众的信任。同时，由于外部专家的利益与企业无关，在分析和处理问题时往往更为客观、冷静。政府部门的权威是任何其他机构或个人所难以比拟的。在危机发生后，公众往往希望了解事实的真相，尤其是在公众对企业怀有疑虑的时候，政府部门公正的声音、权威的论断能够为企业澄清事实，使公众对企业形成正确的认识。不少企业在危机发生以后，没有意识到政府部门的特殊作用，不主动寻求政府相关部门的帮助，使企业的危机处理十分被动。更有甚者，一些企业在危机发生后，不注意配合政府部门开展调查工作，给企业形象及企业的可持续发展造成极为不利的影响。消费者保护协会、行业协会、环保组织等机构具有准政府部门的性质，在公众心目中也具有很强的公信力。在危机处理过程中，充分借助政府有关部门及社会中介组织的力量，可以有效地帮助企业扭转不利的舆论环境，对于企业重塑良好的形象非常有帮助。

2. 慎终如始

老子说，"慎终如始，则无败事"（《老子》第六十四章），强调的是，到最后一刻还要像刚开始时那样谨慎，就不会发生失败的事情了。许多企业往往会犯这样的错误，在危机爆发之初，迫于社会公众强大的舆论压力，很注重危机沟通，希望通过频繁的危机公关尽快控制事态的恶化。但随着危机激烈程度的缓解，它们便减少乃至停止沟通。事实上，采取合理的途径将危机处理结果向公众传播，能够给危机处理过程画上圆满的句号。持续沟通是企业增进与公众的感情、确保自身尽快从危机中恢复过来的有力保障。在危机沟通过程中，应确定统一的危机沟通口径，前后矛盾、数据冲突等往往会在公众中造成很不好的影响。

在危机事态基本得到控制之后，企业应对危机处理的结果进行评估，包括：危机发现和报告是否及时？危机处理的基本目标是否达到？危机管理小组的工作效率如何？危机处理策略的选择是否合理？危机受害者是否得到有效的安抚？危机沟通策略是否合适？危机沟通是否及时、准确？危机处理中人、财、物是否有足够的保证？危机处理是否影响了企业正常的生产、经营活动？通过评估，发现企业在危机处理中存在的不足，总结危机处理中的经验与教训。在对危机处理结果进行全面评估的基础上，危机管理小组应撰写书面的危机处理总结。在必要的时候，还应该通过媒体向外部公众公布危机处理结果。

在解决了危机发生后的"救火"问题后,为了使企业尽快从危机的阴影中摆脱出来,需要做好危机处理的善后工作:

首先,尽快消除危机的消极影响。一方面,企业需要举办富有影响的公关活动,主动创造良好的公关氛围,以实际行动表明企业重振雄风的决心和期待今后公众继续支持、帮助的愿望,努力在各种外部公众中全面恢复企业形象,消除各种不利的舆论对企业的影响;另一方面,企业需要努力消除危机可能对员工、股东等内部公众所造成的心理影响,以鼓舞员工的士气,获得股东的大力支持。

其次,进一步提高危机管理技能。将危机中所取得的经验、教训,制作成形象、生动的案例,作为对员工实施危机教育的内容,用以警示员工,提高企业的免疫力和员工的危机管理技能。对于尚未制定危机管理计划的企业来说,在经受危机的洗礼后,应立即着手制定危机管理计划。

最后,改进管理制度,减少管理漏洞。在危机处理过程中,企业往往会发现一些平时未能发现或尚未引起重视的问题。其中,有些问题是制度性的,有些问题是具体的人为因素造成的,在危机处理过程中逐渐暴露出来。通过对暴露出来的问题进行分析,企业可以发现自己在内部管理上的缺陷,为今后的改进指明方向。针对危机处理中所暴露出来的内部管理问题,企业有必要进行调整和改革,从而避免今后重蹈覆辙,甚至犯更大的错误。

化危为机

汉语的"危机"一词，可以用"危"加"机"来表达。危机带来的机会包括两个方面：一方面，危机的爆发使企业认识到自己的不足，如果能对症下药，就可以有效克服自己的弱点，已经发生的危机可以看做企业的疫苗，避免今后危机再次爆发；另一方面，危机的爆发往往使企业成为公众注目的焦点，如果企业的危机处理措施得当，就可以使企业化险为夷，转危为安，坏事变好事，提升企业形象，形成新的发展机遇。因此，美国危机管理专家诺曼·R·奥古斯丁（Norman R. Augustine）总结说："每一次危机既包含导致失败的根源，又孕育着成功的种子。发现、培育以便收获这个潜在的成功机会，就是危机管理的精髓；而习惯于错误地估计形势，并令事态进一步恶化，则是不良危机管理的典型特征。"

波音公司在1988年爆炸事件发生后的表现就是化"危"为"机"的成功案例。当年3月27日，在从檀香山起飞后不久，一架波音737飞机就发生局部爆炸事故，一名空中小姐因被气浪抛出窗外而殉职。幸好驾驶员沉着操作，飞机才得以安全着陆，旅客和其他机组人员全部平安。事故发生后，波音公司迅速做出反应，积极投入调查，主动宣传，解释事故的原因系由于飞机太陈旧、金属疲劳所致。原来，这架波音737客机起落已达9万次，飞行时间已达

20年，大大超过了保险系数。在发生爆炸事故的情况下，它依然能够安全着陆，足以证明波音飞机的优越性能。而且，新型波音飞机已经解决了金属疲劳的技术难题，飞机将更安全。成功的危机处理措施使波音公司掌握了主动权，不但没有损害公司的形象，反而进一步增加了客户对公司的信赖感。

再如，在2003年"非典"疫情爆发期间，北京所有的肯德基餐厅不但没有停业，反而抓住了利用自身清洁卫生、提供外卖等优势抢占市场的绝佳机会。不少肯德基餐厅外卖的销售收入占营业收入的1/3以上，汽车穿梭餐厅的用餐量比过去增加了100%。

正如法国著名作家巴尔扎克（Honore de Balzac）在《人间喜剧》中所说的那样："不幸，是天才的进身之阶，信徒的洗礼之水，能人的无价之宝，弱者的无底深渊。"越是在危机发生的时刻，越能反映出优秀企业的整体素质、综合实力和博大胸襟，它们会适时抓住危机所带来的机会。

参考文献 / References

1. 安德鲁·葛洛夫．只有偏执狂才能生存．北京：光明日报出版社，1997.
2. 彼得·德鲁克．管理的实践．北京：机械工业出版社，2006.
3. 彼得·德鲁克．管理：任务、责任和实践（第一部）．北京：华夏出版社，2008.
4. 彼得·德鲁克．卓有成效的管理者．北京：机械工业出版社，2005.
5. 彼得·德鲁克．21世纪的管理挑战．北京：机械工业出版社，2006.
6. 彼得·圣吉．第五项修炼——学习型组织的艺术与实务．上海：上海三联书店，1998.
7. 长征．文画易经．呼和浩特：内蒙古人民出版社，2007.
8. 道格拉斯·麦格雷戈．企业的人性面．北京：中国人民大学出版社，2008.

9. 邓正红．企业未来生存法宝．北京：清华大学出版社，2008.

10. 葛荣晋．中国哲学智慧与现代企业管理．北京：中国人民大学出版社，2004.

11. 郭济兴，李世俊．三国演义与经营谋略．上海：浦东电子出版社，2002.

12. 哈罗德·孔茨，海因茨·韦里克．管理学．北京：经济科学出版社，1998.

13. 胡祖光．管理金论——东方管理学．北京：电子工业出版社，1994.

14. 胡祖光，朱明伟．东方管理学导论——一套全新而可供实践的理论．上海：上海三联书店，1998.

15. 黄如金．和合管理．北京：经济管理出版社，2006.

16. 黄速建，黄群慧．现代企业管理——变革的观点．北京：经济管理出版社，2007.

17. 吉姆·柯林斯．从优秀到卓越．北京：中信出版社，2002.

18. 杰克·韦尔奇，苏茜·韦尔奇．赢．北京：中信出版社，2005.

19. 劳伦斯·米勒．美国精神．北京：工人出版社，1988.

20. [美]理查德·帕斯卡尔，安东尼·阿索斯．日本企业管理艺术．北京：中国科学技术翻译出版社，1984.

21. 李雪峰．中国管理学——融通古今的管理智慧．北京：中国人民大学出版社，2004.

22. 刘刚．与圣人同行专栏．数字商业时代，2007（10）～2009（23）．

23. 刘刚．攻心为上——商业文化透视．北京：中国经济出版社，1994.

24. 刘刚．谈判家．北京：中国经济出版社，1995.

25. 刘刚．危机管理．北京：中国经济出版社，2004.

26. 刘刚．现代企业管理精要全书．海口：南方出版社，2004.

27. 刘刚．中国传统文化与企业管理——基于利益相关者理论的视角．北京：中国人民大学出版社，2010.

28. 刘刚．先秦儒家义利观与企业社会责任建设标准．中国人民大学学报，2008（2）．

29. 刘刚．加强企业文化建设 提升企业竞争力．人民日报（理论版），2012-10-15.

30. 刘刚．管理的"软手段"：企业文化．光明日报（理论版），2013-04-05.

31. 刘刚，成栋．战略的阴阳平衡术．北大商业评论，2014（6）．

32. 刘刚，雷云．中国传统文化中的危机管理思想．北京交通大学学报（社会科学版），2014（1）．

33. 刘刚，吕文静．反思型教学及其在管理教育中的应用．中国高教研究，2014（1）．

34. 刘刚，吕文静，雷云．现代企业管理中阴阳学说新述．北京工商大学学报（社会科学版），2014（6）．

35. 路云．任正非谈商录．北京：北京联合出版公司，2014．

36. 马文·L·帕特森，约翰·A·芬诺利奥．领导产品创新——加快以产品为基础的企业的成长．北京：中国人民大学出版社，2004．

37. 迈克尔·波特．竞争战略．北京：华夏出版社，2007．

38. 迈克尔·尤西姆．攀越——商界领导人的九条来时路．哈尔滨：黑龙江人民出版社，2004．

39. 拿破仑·希尔．成功法则．北京：华艺出版社，2005．

40. 诺曼·R·奥古斯丁等．危机管理．北京：中国人民大学出版社，2001．

41. 普华永道变革整合小组．管理悖论：高绩效公司的管理革新．北京：经济日报出版社，2002．

42. 钱穆．论语新解．北京：三联书店，2002．

43. 盛田昭夫．日本造：盛田昭夫和日本公司．北京：三联书店，1988．

44. 松下幸之助．经营人生的智慧．延吉：延边大学出版社，1996．

45. 松下幸之助．实践经营哲学．北京：中国社会科学出版社，1998．

46. 孙耀君．西方管理思想史．太原：山西经济出版社，1987．

47. 汤姆·彼得斯,罗伯特·沃特曼. 追求卓越——探索成功企业的特质. 北京:中信出版社,2007.

48. 汤姆·莫里斯. 重思管理的艺术. 海口:海南出版社,2002.

49. 特伦斯·迪尔,艾伦·肯尼迪. 企业文化——企业生活中的礼仪与仪式. 北京:中国人民大学出版社,2008.

50. 王利平. 中华传统管理的基本特征. 经济管理,2003(16).

51. 王勇. 中外企业管理经典案例. 北京:人民出版社,党建读物出版社,2006.

52. 威廉·大内. Z理论——美国企业界怎样迎接日本的挑战. 北京:中国社会科学出版社,1984.

53. 席酉民,尚玉钒. 和谐管理理论. 北京:中国人民大学出版社,2002.

54. 小约瑟夫·L·巴达拉克. 沉静领导. 北京:机械工业出版社,2003.

55. 肖知兴. 论语笔记. 北京:机械工业出版社,2006.

56. 杨先举. 孔子管理学. 北京:中国人民大学出版社,2002.

57. 杨先举. 老子管理学. 北京:中国人民大学出版社,2005.

58. 杨先举. 孙子管理学. 北京:中国人民大学出版社,2005.

59. 英格丽·张. 你的形象价值百万. 北京:中国青年出版社,2005.

60. 约翰·罗尔斯. 正义论. 北京：中国社会科学出版社，1988.

61. 约瑟夫·熊彼特. 经济发展理论. 北京：商务印书馆，1990.

62. 占部都美. 领导者成功的要诀：观人、育人、用人. 福州：福建科学技术出版社，1985.

63. 詹姆斯·C·柯林斯，杰里·I·波拉斯. 基业长青. 北京：中信出版社，2002.

64. 刘刚专栏. 数字商业时代，2005（5）～2007（9）.

65. Alexander L. George, ed., *Avoiding War：Problems of Crisis Management*, Boulder, Colo.：Westview Press, 1991.

66. Arie de Geus, *The Living Company：Habits for Survival in a Turbulent Business Environment*, Harvard Business School Press, 1997.

67. Daniel Goleman, *Emotional Intelligence：Why It Can Matter More Than IQ*, Nerdmaker, 1995.

68. Fred Luthans, *Introduction to Management：A Contingency Approach*, McGraw-Hill, 1976.

69. Steven Fink, *Crisis Management：Planning for the Invisible*, New York, American Management Association, 1986.

后　记 / Postscript
与圣人同行

中华民族数千年的文明史催生出众多独特的管理思想，如儒家倡导仁义中庸，注重修身；法家坚持信赏必罚，重视法治；道家主张道法自然，无为而治；兵家追求正合奇胜，讲究权变；墨家强调兼爱交利，尚贤使能。这些管理思想经受住了时间的考验，成为今天企业管理思想来源的重要宝库和哺育现代企业文明的重要养料。

管理是科学性与艺术性的统一，如果说管理的科学性成分主要是从作为"舶来品"的管理教材中学习的话，管理的艺术性成分则主要有赖于"在游泳中学习游泳"的管理实践、大量典型管理案例的讨论以及从国学思想中汲取管理思想精华。特别是在将西方的现代管理理论与方法运用于中国企业的管理实践时如果遭遇排异性反应，深层次的人文背景挖掘必不可少。汲取国学思想中的精髓，从而更好地完善管理活动，就成为具有远见卓识的企业管理实践者努力的方向。

基于这样的认识，近十年来，我为中国人民大学商学院 EMBA、MBA、高管研修班学员开设了"国学与管理"、"传统文化与企业管理"等课程，在众多企事业单位及党政机关内训课上也讲授过相关专题，得到了学员们热烈的响应和积极的反馈，更坚定了我这样的认识，使我有无穷的动力不断从国学经典中去汲取和提炼对现代组织有价值的管理智慧。

伴随着上述教学工作的深入，我围绕国学思想与管理智慧这一主题，开展了一系列的研究工作，主持了教育部人文社会科学研究项目"传统管理思想的现代企业运用框架——基于'修齐治平'逻辑与利益相关者理论的视角"（09YJC630224）的课题研究工作，先后在《中国软科学》、《中国人民大学学报》、《人民日报》（理论版）、《光明日报》（理论版）等核心期刊发表相关论文多篇，在畅销财经杂志《数字商业时代》上发表专栏文章约 100 篇，并于 2009 年在中国人民大学出版社出版了专著《中国传统文化与企业管理——基于利益相关者理论的视角》。该书于 2011 年获得了第四届蒋一苇企业改革与发展学术基金专著奖。本书是对本人前期相关研究成果的总结、提炼、完善与升华。

前事不忘，后世之师。历史像酒，愈陈愈醇；文化是茶，越品越香。博厚悠久的国学典籍中蕴藏着千年不变的人性、万世不亘的哲理。

与圣人同行，品思的宁静，享心的从容……

刘　刚

图书在版编目（CIP）数据

品国学 悟管理/刘刚著. —北京：中国人民大学出版社，2015.6
ISBN 978-7-300-21474-0

Ⅰ.①品… Ⅱ.①刘… Ⅲ.①管理学 Ⅳ.①C93

中国版本图书馆 CIP 数据核字（2015）第 127746 号

品国学 悟管理
刘 刚 著
Pin Guoxue Wu Guanli

出版发行	中国人民大学出版社		
社　　址	北京中关村大街 31 号	邮政编码	100080
电　　话	010-62511242（总编室）	010-62511770（质管部）	
	010-82501766（邮购部）	010-62514148（门市部）	
	010-62515195（发行公司）	010-62515275（盗版举报）	
网　　址	http://www.crup.com.cn		
经　　销	新华书店		
印　　刷	固安县铭成印刷有限公司		
规　　格	170 mm×230 mm　16 开本	版　次	2015 年 8 月第 1 版
印　　张	18.5	印　次	2020 年 9 月第 5 次印刷
字　　数	184 000	定　价	48.00 元

版权所有　侵权必究　印装差错　负责调换